心流生活实践指南

运用共时性和量子物理学原理
创造最优人生体验

[美]斯凯·尼尔森-艾萨克斯·著
Sky Nelson-Isaacs
马百亮·译

Living in Flow
The Science of Synchronicity
and How Your Choices Shape Your World

图书在版编目（CIP）数据

心流生活实践指南：运用共时性和量子物理学原理，创造最优人生体验 / （美）斯凯·尼尔森-艾萨克斯(Sky Nelson-Isaacs) 著；马百亮译. — 北京：华夏出版社有限公司, 2023.10

书名原文：Living in Flow: The Science of Synchronicity and How Your Choices Shape Your World

ISBN 978-7-5222-0502-1

Ⅰ.①心… Ⅱ.①斯… ②马… Ⅲ.①心理学 Ⅳ.①B84

中国国家版本馆CIP数据核字(2023)第083253号

Published by agreement with the North Atlantic Books through the Chinese Connection Agency.

版权所有，翻印必究。
北京市版权局著作权登记号：图字01-2021-4389号

心流生活实践指南：运用共时性和量子物理学原理，创造最优人生体验

作　　者	［美］斯凯·尼尔森-艾萨克斯
译　　者	马百亮
责任编辑	陈　迪
出版发行	华夏出版社有限公司
经　　销	新华书店
印　　刷	三河市万龙印装有限公司
装　　订	三河市万龙印装有限公司
版　　次	2023年10月北京第1版　2023年10月北京第1次印刷
开　　本	710×1000　1/16开
印　　张	16
字　　数	270千字
定　　价	69.00元

华夏出版社有限公司　网址：www.hxph.com.cn　地址：北京市东直门外香河园北里4号　邮编：100028
若发现本版图书有印装质量问题，请与我社营销中心联系调换。电话：（010）64663331（转）

目 录

序 言
前 言

第一章
寻找意义、
目标和模式

什么是心流，为什么它很重要？ / 005

宇宙是有反应的 / 009

给我们的行为赋予目标感 / 012

什么是共时性事件？ / 015

对心流状态的现有研究 / 018

第二章
期待同步，
感受心流

学会如何感受 / 026

客观意义和主观意义 / 028

荣格的原型与象征主义 / 032

有意义的历史选择的基本模式 / 036

一种新的世界观 / 040

情感驱动共时性 / 043

隐藏的情感很重要 / 048

第三章
进入心流状态

LORRAX 过程 / 056

不是"随波逐流"那么简单 / 060

健康的关系有利于心流状态 / 064

利用心流寻找朋友 / 068

组织中的心流 / 071

没有问题就没有心流 / 077

第四章
积聚动量

什么是象征性动量？/ 086

大胆行动可以改变可能性 / 091

当今危机的象征性动量 / 100

象征性动量可以在一夜之间改变 / 104

你尽管往下跳 / 106

相信心流 / 110

第五章
随心而活

共时性有利于创造更大的利益 / 117

一副新眼镜 / 122

白人特权的讽刺 / 127

无私的共时性 / 129

各种好坏参半 / 131

感　恩 / 137

第六章
心流的真实性

找到真实的自己 / 146

为你真正想要的东西腾出空间 / 150

把"休闲自由"变成"创造自由" / 153

共时性通过我们发生 / 156

在公共场合的真实性 / 159

第七章
探索量子学
基础

经验需要观察者 / 167

经典物理学和量子物理学 / 169

概率和测量 / 172

闭嘴，计算！/ 175

光的无时性 / 177

追溯事件确定 / 181

游戏与积极共时性 / 183

第八章
有意义的
历史选择

可能性之树 / 190

选择预期的定性体验 / 196

共时性的物理学 / 202

荣格的非因果关系原则 / 206

天堂图书馆 / 208

第九章　　　　　每个人都是心流意识的赢家 / 216
你是一朵火花　　共时性宣言 / 218

附录一　共时性揭秘 / 221
附录二　量子力学诠释 / 229
附录三　计算共时性的概率 / 233
术语表 / 236
致　谢 / 239

序　言

　　我非常感谢斯凯·尼尔森－艾萨克斯写了这本书。二十多年来，我一直在等待一位合格的物理学家来接受和验证共时性的事实，并解释这一现象背后的基础物理学。

　　在本书中，尼尔森－艾萨克斯以一种清晰、简洁和平易近人的方式做到了这一点，让我们每个人都能理解。鉴于我们现在所经历的世界，他的写作充满了诚实、平衡、激情和紧迫感。

　　最重要的是，他为我们在日常生活中培养同步能力提供了一个路线图。本书所要传达的核心信息是，我们的选择塑造了我们的世界。我们做出的每一个选择都是有意义的，因为宇宙会对我们的选择做出回应。我们的意图和存在方式——我们性格的总体倾向——决定着我们将要经历的未来。

　　因此，随着我们长大成人，我们必须回答生命中一些最重要的问题：我是谁？我为什么会来到这个世界上？我的人生目标是什么？一旦我们确定了这些问题的答案，我们就必须真实地生活和行动，与我们的目标保持契合。这个公式就是：仔细倾听内心的声音；带着爱、好奇、勇敢和感激，用心去生活；然后行动，成为一束火花；当遇到不可避免的挑战时，要坚定信心，不懈努力。如果我们这样做，将体验到不同寻常的成功。

这些都是我们必须教给年轻人的人生真理，应该被灌输到他们的每一门课程中，并且要从他们很小的时候开始。企业、政府和公民社会的每一个组织的领导人都必须学习、拥护并遵循这些原则。今天的国家和全球挑战要求我们做到这一点。

我为斯凯·尼尔森-艾萨克斯对写作这本书所做出的卓越贡献感到自豪。对于读者，我真诚地推荐这本书及其所传达的深刻而重要的信息。

约瑟夫·贾沃斯基，《共时性：领导力的内在路径》的作者

前　言

你是否经历过让你大吃一惊的巧合？如果有的话，那么我希望在你读完这本书之后，再也不会如此吃惊了。巧合只有在不符合我们的世界观时才会显得奇怪，而我认为符合我们这个时代的世界观是，有意义的巧合或"共时性"是科学的一部分。当共时性成为我们日常生活的一部分时，我们就会发现自己处于社会心理学家所说的"心流"状态，即"最佳体验"区域。

主流观点认为，这些情况纯属偶然。一些对这一观点进行扩展的作者通常只关注一些有限的戏剧性的事例，比如卡尔·荣格（Carl Jung）的圣甲虫之梦，在派对上遇到一个和自己同年同月同日生的人，或者是买了一辆红色汽车之后突然发现高速公路到处都是红色汽车。然后，在假设偶然性可以充分解释这些事例的情况下，作者会表明，每一个事例都发生在合理的可能性之内。有时，认知偏差等已知的心理现象已经可以解释这种现象。

但是在共时性对我来说特别有意义时，这种解释会让我感到有点困惑。我花了二十年的时间认真分析这些经历，并思考了所有可能的解释（包括自我欺骗），我可以肯定，这种现象可能是由科学而不是统计造成的。

我也读过一些关于共时性的讨论，他们把这个概念讲得太远了。他们说什么宇宙的恩惠，以及我们可以"创造我们自己的现实"。这个命题可以被扭曲成这样一种观念，即我们要对发生在我们身上的一切负全责。如果我们的生活很艰难，那一定是我们的错。反之，如果我好好生活，就会收获无穷无尽的成功。在我看来，这种观点是短视的、鲁莽的、不准确的。

我的方法从一开始就与他们不一样。我列举了许多有意义的共时性的例子，因为它们对参与其中的人有重要的影响，而不像在派对上遇到一个与自己同年同月同日生的人，或者在买了一辆红色汽车后总是会看到红色汽车。我认为共时性是一种中性的现象，而不是严格意义上的正面现象。它是一个伟大的老师，因为它会创造一种可以推动我们加深自我认知的情境。这不是一条通往成功的快车道，但却是一条通向更完整生活的充实之路。我认为共时性是一种普遍存在的现象，而不是一种匪夷所思的怪事，它无所不在，是一切事物的一部分。我感兴趣的是日常生活中发生的事例，而不是那些"奇怪的"例子。

我们可以合理地说，日常生活中的每一个事例都在统计学的范畴之内，但是如果从整体来看，更合理的解释似乎是事物有一种朝着有意义的方向发展的倾向。我希望证明这些现象与当前物理学领域的进步是一致的，其中包括我所参与的研究。我的观点导致了一种有点新颖的世界观，这种世界观受到了现代物理学知识的强烈影响。

此外，西方以外的传统文化可能会发现，本书的核心思想十分熟悉。我的结论在一定程度上反映了土著的、东方的和古老的神秘传统，这可能表明，科学正在证实这些古老而有价值的传统所阐明的一些认识。

查尔斯·爱森斯坦（Charles Eisenstein）这样阐述了当今主流的世界观："你是宇宙中众多独立个体中的一个，而你与宇宙之间也是分离的。一切没有目的，只有原因。宇宙在本质上是盲目的、死亡的。"换句话说，世界是一个没有生命的舞台，它意识不到你的存在。而我所认同的世界观是：你做出的每一个选择都是有意义的，你的每一个行动都为你有意识或无意识的目标创造动力，这些事实可以通过心流体验对日常生活的质量产生实实在在的影响。

本书中的一些观点建立在自然科学的研究成果之上。这些观点得到了量子力学基础论文的支撑，这些论文已经通过了同行评审，或多或少被科学界所接受。有些观点反映了我自己的科学研究，尽管是最近的研究，还不太成熟，但是也经过了同行评审，与众所接受的知识体系完全一致。本书的其余部分是基于我的第一手经验，解释我认为科学告诉我们的东西。其中的一些内容超出了我确定无疑的范畴，探讨了我认为科学告诉我们的关于人类情感和经验的问题。我鼓励读者以谨慎而开放的态度来读这本书。量子力学（以及整个现代物理学）领域仍然非常活跃并在不断发展，一些根本问题仍未得到解答。这本书是我对当前已知事实的理解、我对其意义的解释以及我的一些原创性的思考。

在写这本书的过程中，我怀疑自己会受到两大批评。有些人可能已经对这个问题有了定论，可能会觉得对共时性的研究不属于物理学的范畴。我将在文中对这个问题予以一定的讨论。对于人们认为已经确定无疑的科学问题，我们应该保持谨慎态度，因为作为科学家，我们所能坚持的是从事科学研究的方法，而不是科学结论本身。在科学史上，善意的人把他们的模型和现实本身混淆了，因此走进死胡同，看不到前进的道路，这样的例子比比皆是。在写作这本书的过程中，要在已知和未知之间找到一条前进的道路并非易事，但我已经以满怀尊重和时不我待的态度努力过了。

第二个潜在的批评是，有些人可能会觉得我不够资格做这项研究，因为我的教育背景在我的领域——物理学——中是非传统的。这个观点是成立的，因为我没有物理学或任何其他领域的博士学位。对此，我可以给出双重回应，不是作为辩护，而是作为保证，即在得出结论时，我采取了一些谨慎的措施。我所有的大学学位（加州大学伯克利分校物理学学士学位；索诺马州立大学物理学单学科教学证书；旧金山州立大学物理学硕士）都在我的专业领域之内，而且都是在受人尊敬的机构获得的。我的职业生涯包括多年的物理和其他科学以及数学课程的教学，涵盖了各种年龄和技能水平。此外，在我完成本科学业的二十多年里，这个领域一直是我的热情所在，我一直努力跟上它最新的发展步伐。

要写这样一本书，既能提出科学上的新观点，同时又能传达与普通读者个人相关的信息，这并不容易。在写作这本书的过程中，我努力将已知与未知、科学信息与个人信息分开。第一部分介绍了心流和共时性的基本概念，并讨论了我认为这些概念是如何影响我们的体验的，从寻找新的就业机会，到从心而活，再到找到真实的自我。这些章节总体上更具思辨性，建立在现有科学、我的新建议和个人经验之间的新关系之上。第二部分对我提出的支撑这些观点的科学研究进行了更深入的探讨。其中一些科学认识已经得到了很好的证实，然而，还有些科学认识更加具有前沿性，因此还没有得到充分的证实。

我希望读者朋友能够在本书中找到怀疑和大胆、头脑和心灵之间的必要平衡，并想要自己检验这些信息，看看它们是否合理。虽然科学的方法非常强大，但它不是获取真知的唯一途径。我希望以物理学所能带来的极其清晰的思路来探讨这个话题，同时也希望以谦逊的态度认识到，我们并不是第一个踏上这条道路的人。查尔斯·爱森斯坦雄辩地写道："我们内心所知道的更加美好的世界是可能的。"对我来说，共时性和心流的科学所传达的信息是，培养去尝试创造那个世界的动机和意愿。

第一章

寻找意义、目标和模式

斯蒂芬·加特纳（Stephen Gaertner）是一名居住在德国汉堡的捷克斯洛伐克犹太人。1937年，8岁的他患上了肺结核。他的医生建议他去巴伐利亚山区的疗养院，这是当时治疗肺结核的常用处方，因为当时抗生素还没有完全开发出来（请参阅后文关于亚历山大·弗莱明的内容）。

即使在这么小的年纪，斯蒂芬也能感觉到他的国家正在发生的动荡。他向母亲抗议道："那疗养院里就会有希特勒青年团的成员！"所以他的父母同意把他送到瑞士。一年后，他痊愈了，1938年3月9日，他的母亲来接他，要把他带回汉堡。但是在斯蒂芬离开的这段时间，德国的情况变得更糟了。虽然他的母亲似乎觉得他们没有受到纳粹的威胁，因为他们不是德国公民，但他不想回到纳粹德国。他再次向母亲提出抗议，母亲回答说："这是冬天里的好天气，所以我要待一两个星期去滑雪。然后我们就回去。"3月15日，德国军队入侵布拉格的消息传来。斯蒂芬的母亲意识到了危险，同意无限期地推迟返回德国的时间。他们在瑞士待到1946年，安然无恙地躲过了大屠杀，而斯蒂芬的父亲却因为留在汉堡而死掉了。

斯蒂芬是这样回忆他的经历的："如果纳粹再晚几天入侵布拉格，我可能已经回到了汉堡，和父亲一起死去。这段时间差和肺结核救了我的命。"

我认为，尽管这种情况无法控制或预测，但我们可以通过关注共时性（或有意义的巧合），学会以一种蔑视偶然性的方式来驾驭情况的流动性。这个观点是基于我和其他人的物理学研究，与认知研究、心理学和哲学的研究也是一致的。它还远未被科学界证实或接受，但我将努力证明这些经验在日常生活中无处不在，相对于依靠偶然性的主流世界观，这里提出的以意义为基础解释共时性的科学观提供了更好的解释。虽然这可能需要调整我们在科学和日常生活中想当然的认识，但它与任何已知的理论或实验数据并不冲突。相反，它移除或澄清了我们认为是真实的事情的某些方面，这样我们就能理解事物的表面背后可能发生的真实情况。

生活在心流中是一个丰富而复杂的过程，在这个过程中，人类的价值观和经验起着至关重要的作用。什么时候有人因为生病而开心过？然而，斯蒂芬的疾病是他最终从大屠杀中幸免于难的一系列事件的一部分。我认为，斯蒂芬感染结核病的"负面"经历与"正面"经历（比如在机场偶遇好朋友，或者在地上找到两个25美分硬币从而刚好及时付了停车费）一样，都是共时性的。

共时性是一件具有重大后果的事件，它以一种有意义的方式融入我们的生活。在这个意义上，"有意义"可以被认为是我们在外部世界的经验与我们的感觉或内在经验之间积极或消极联系的程度。如果一件事与我们最近表达的或脑海中的价值观、需求、思想、感觉、情感或理想相契合，我们就认为它对我们有意义。在通常情况下，我们很难接受共时性，因为我们会无法理解事件的真正含义。我将在第二章以更客观的方式定义"意义"。意义的最终解释者是我们的内在认知，它来自我们头脑中的想法、我们内心的感受和直觉以及我们做决定时的任何其他依据。

斯蒂芬的母亲愿意在瑞士多逗留两周、希特勒入侵布拉格的时间以及可能还有许多其他的小波折，都可以被视为有意义的事件，因为它们与斯蒂芬的直觉相契合，即他处于危险之中。它们合在一起可以被视为心流。斯蒂芬和他的母亲都不知道他们的决定会产生什么影响，但通过仔细关注他们的选择可以看出，他们避开了当时局势对生命的威胁。

什么是心流，为什么它很重要？

米哈里·契克森米哈赖（Mihaly Csikszentmihalyi）把心流的概念引入科学。契克森米哈赖将心流定义为人类的最佳功能状态，即挑战和技能的动态平衡。在适当的活动中，在适当的条件下，我们与我们的生命融为一体，"将注意力完全集中在手头的任务上，心无旁骛"。当我们处于这样一种状态时，思维和感觉融为一体，没有一方能够控制另一方。

我认为，心流是指发生在我们生活中的事件或情况。当事情似乎以一种有意义的方式发生，生活的外在方面似乎与内在方面相吻合时，我们就能知道自己处于心流状态。也许我们想要的经历因为一些自发出现的小机会而成为可能，或者我们突然意识到我们所处的情况能够为实现我们的目标服务。因此，我们自然知道在每种情况下该做什么，而不会被自己的选择所困。

正如约瑟夫·贾沃斯基（Joseph Jaworski）解释的那样，当你决定了人生的方向时，"来找你的人正是你所需要的与你的目标相关的人。人生的大门打开了，一种心流的感觉出现了，你发现自己在一个连贯的场域之中行动，人们甚至可能没有意识到彼此。你不再是一个人在行动，而是处于一个逐渐展开和生成的秩序之中"。

不要担心清洁工作……

亚历山大·弗莱明在研究常见的葡萄球菌。有一次他度假归来后发现，他的实验室助理最近离职了，他要自己负责实验室里的清洁工作。令弗莱明吃惊的是，在清洗培养皿时，他发现一个被污染的样本里长出了一种霉菌，杀死了里面的细菌。这种霉菌最终被鉴定为红青霉，它会向周围释放一种抗生素化合物，这种化合物即青霉素。青霉素的发现改变了医学史的进程，因为它是第一种用于治疗诸如脑膜炎、猩红热和白喉等疾病的抗生素。

在心流状态下，这种思维和感觉之间的相互关系也延伸到我们周围的世界。我们开始与生活共舞——无论是网球拍、乐器、队友，还是家人——我们发现整个控制的概念都消失了。我们发现自己不是在控制世界，而是处于一种共生交换的状态，是一种共同创造的行为。因此，就像契克森米哈赖指出的那样，"心流体验通常被描述为一种控制感，或者更准确地说，是缺乏对失去控制的担忧，而在正常生活的许多情况下，人们都会产生这种担忧"。所以，心流不是获得控制权或放弃控制权，而是要超越对控制的担忧。

然而，据我所知，契克森米哈赖并没有提到有意义的巧合或共时性在心流体验中发挥的作用。卡尔·荣格将共时性描述为内在体验和外在体验的协调，一种"时间上的统一"。更正式的说法是，共时性就是"事件以有意义的形式相互联系，但是又不可能证明这种联系是因果关系"。在本书中，我将共时性或者说有意义的巧合定义为，它是一种最初不太可能发生的体验，但由于它与个人（或集体）选择之间的有意义的结合，这种体验变得更有可能。

我认为心流和共时性这两个概念是相互依存的。简而言之，当我们与世界保持契合时，世界也会与我们保持契合。契克森米哈赖的心流概念告诉我们如何通过"进入状态"来与世界保持契合，而荣格关于共时性的观点告诉我们，当我们这样做时，世界是如何与我们保持契合的。这些概念共同构成了我对心流的定义。

心流是指与生活保持契合吗？是要面对有助于我们发展的挑战吗？是关于释放恐惧吗？是要珍惜每一刻吗？它包括了所有这些。进入心流状态需要随时适应生活，这需要内在的努力，比如开放的心态和健康的自我关系。当我们的思想集中在对未来的恐惧上时，怎么能够看清当前的情况，从而注意到一个隐藏的机遇呢？如果我们不珍惜每一个时刻，我们怎么能看到在意想不到的时刻出现的岔路口呢？

当我们将心流和共时性融入我们的生活方式时，即使在高风险的努力中，我们也可以保持一种轻松、关联和快乐的感觉。这些观点与最近组织发展的趋势是一致的。想象一下，在努力完成一笔大交易的同时，我们也可以不执着于结果，因为我们有信心从交易中得到我们需要的东西。我们的开放性使我们能够达成各方都感到满意的协议。

在我们今天面临的许多问题的背后，隐藏着个人的选择——我们的祖先曾经做出的选择，以及我们今天做出的选择。交通拥堵、对化石燃料的依赖、食物分配和能源效率等更大的问题都与较小的决定有关，比如我们喜欢在哪里工作或购物、我们的职业目标、我们送孩子去哪里上学或去哪里度假。许多人不仅对我们面临的巨大的全球问题感到不满，而且对我们自己的生活质量感到不满。

我看到了一种解决这些全球性挑战的方案，那就是将这些方案与我们在个人生活中已经想要做出的更小的选择联系起来。如果我们追求生活中热爱的东西，就会带来一种创造性的能量，这种能量有解决问题的潜力。如果我们在生活中追求热爱的东西，就更有可能做真实的自己，这使我们能够说出正确的事情，建立健康的关系。当我说"我们"的时候，我指的是在读这本书的每一个人。我们是大公司、小企业、教育机构和无数其他组织的灵魂和心脏，这些组织有潜力在这个世界上做更多的好事。如果我们做真实的自己，就更有可能为"共同意义池"（Pool of Shared Meaning）做出贡献，同时也为其他人这样做创造条件。如果我们做真实的自己，就能在我们所在的组织内部创造变革，就能对世界产生广泛的影响。

为什么我们不能尽情生活呢？为什么我们不努力去做召唤我们的事业呢？为什么我们不让我们的关系更加真实呢？当然，这些都是复杂的问题，但我想指出一个可能的回答：我们担心这样做行不通。

这时候就需要心流和共时性发挥作用了。在我看来，心流就是与我们的世界保持契合，并理解宇宙在某种程度上会对我们的选择做出反应，后面我将详细解释这一点。通过一个我称之为"有意义的历史选择"的过程，我们生活中的事件似乎受到了我们所做的选择的影响。进入心流状态让我相信，无论我选择哪条路，世界都会帮助我走那条路。这不是对困难的粉饰，而是愿意面对困难，面对生活带来的一切。

我们在生活中所做的许多决定都是围绕着对安全感的渴望而做出的。从国家安全到赚足够的钱送孩子去日托，我们需要基本的安全感才能在生活中富有成效。对我来说，生活在"心流"中是一种强有力的方式，可以驯服对未知的恐惧，与生活的不确定性共舞。我们越是信任——不是"世界"，而是我们与世界的共舞——我们就越能在培养丰富的建设性联系的同时，接受不可避免的损失和失望。世界是美好的，这不是一个幼稚的信念，而是一种强大的信念：我们可以瞄准我们的最高愿景，并成功地跨越我们必须跨越的领域。

在人生旅程中，我们并非自行其是。**这本书的核心前提是，处**

于心流状态会让你更有可能经历有意义的巧合。 这些巧合让我们在心流的道路上走得更远。从这个角度来看，保持安全的最好方法是学会进入心流，与生活共舞。我们无法保证一定会有积极的结果；坏事每天都发生在好人身上；没有人能逃脱死亡。一个问题是：我们真的想要逃脱死亡吗？与此同时，在心流状态下生活，我们会活出一个更有活力的自己，超越对控制生命的需要，向它的慷慨和我们自己美丽的灵魂开放。

宇宙是有反应的

生命的意义是什么？我们的行为有目标感吗？宇宙是友好的吗？

对于这些问题，要找到对所有人都有效的答案或许是不可能的。我甚至不能确定我对这些问题的回答每天都是一样的。我不相信只有一个真相有待发现。作为一个白人，作为一个男性，作为一个美国人，作为一个加利福尼亚人，我只能理解我所熟悉的某些经历。对于什么是有意义的、有目标感的生活，我的看法可能与你大相径庭，正如我对衣服和音乐的品位可能与你大相径庭一样。

然而，作为一名物理学家，我接受的训练是寻找看似完全不同的事物之间的模式和共性。虽然我不能说什么对别人有意义，但我很好奇是什么让一些事情对任何人都有意义。无论你是黑人或白人、土著或移民、女性或男性、年轻人或老年人、LGTBQ 或顺性别者、东方人或西方人、北方人或南方人，还是其他任何能让你与众不同的身份，总有一些东西会驱使你对生命中的事件赋予意义。

我们中的一些人确信我们所创造的意义都在我们的大脑中，其他人则确信意义和指引来自神灵。许多西方科学家得出的结论是，宇宙除了根据物理和统计规律逐渐展开事件之外，没有内在的目标感。古老的瑜伽传统也应该被认为是科学，因为它们遵循一个严格的过程，对人类的内在状态进行可重复的实验。

我相信上面的第三个问题可以帮助我们理解另外两个问题。宇宙是一个友好的地方吗？令人惊讶的是，我相信这是一个物理学可以解决的问题。基于一些已经确立的科学，也基于一些新的科学和一些推测的观点，我所要提出的理论是：宇宙对我们既不友好，也不敌对，也不冷漠。相反，宇宙是有反应的。我们生活在这样一个宇宙里，它会对我们的行为做出回应，给我们带来更多同样的东西。简单地说，如果我们对世界表现出友好的态度，我们就会发现，出现的情况会强化我们的信念，即世界是友好的。同样，如果我们对世界怀有敌意，我们就会发现我们的观点是正确的，因为发生的事件会证实我们的先入之见。当我们与世界保持契合时，世界也与我们保持契合。我们可以称之为心流。

你是道奇机械师吗？

"我和小女儿开着一辆老式的道奇探险者穿越沙漠，在晚上到达一个露营地。当我们早上起床时，露营地几乎空无一人。然后我们发现我们的汽车发出奇怪的声音，发动不起来了。我们该怎么办呢？就在我们商量的时候，一个衣衫不整的男人从附近的河床里爬上来，说：'我能听到你有麻烦了。我是一名道奇机械师，需要我帮忙吗？'他忙碌了几分钟，解决了问题，并指示我们到下一个服务站进行一次永久性修理。谢天谢地，在我们需要帮助的时候，正确的人就出现在我们身边。"[本故事由安妮·卡明斯·亚科佩蒂（Anne Cummings Jacopetti）提供。]

然而，这并不像最初听起来那么简单。有意义的历史选择过程表明，生命将被有意义的事件打断。即使我们友善地对待别人，也不是每个与我们交谈的人都会友善地回应。这一点在我某一天早上开始的五分钟内就很明显了，因为那时我轻轻地叫醒了我8岁的女儿。我有一半的概率会受到厉声斥责，不管我是多么温柔。生活是由一系列事件组成的，这些事件中有很多有用的成长机会。这些成长机会在我们的日常生活中不断涌现，而我在研究中试图理解的正是这些"特殊事件"。

特殊事件就像道路上的岔路口。在这些点上，我们的行动选择将对未来事件的发展产生重大影响。如果我们设想所有可能的结果都存在于一个有分权的树上，那么特殊事件就是一条主要路径与另一条路径分岔的分岔点。

我的观点是，我们可以通过简单的实践找到一切精神教导的本质，这些实践包括对生活经历做出回应，并看到生活如何回应我们。我们的工作是看看每一次经历提供了什么有意义的教训。对我来说，最重要的问题是：宇宙如何回应我的选择？如果我们理解了宇宙的反应是如何运作的，那么我们就可以在我们的生活中建立一种更强大的关系，使我们的生活变得充满意义和目标感。这样的关系将使我们更有效地协调我们的个人关系、职业关系和政治关系。这样，我们才能生活在心流之中。

如果宇宙真的可以对我们的行为做出反应，那么我们就是生命意义的来源。外在经历是内在经历的一面镜子，每一件事都是了解自己的有意义的机会。

我曾经认为这是一种很好的哲学，但作为一名物理学家，我开始探索它是如何成为现实的。在我看来，每一个行动都是有意义的，因为每一个行动都会带来一些结果，而不是其他结果。洗碗和叠衣服的行为是有意义的，因为它们可以让我的家成为一个舒适的地方，从逻辑上讲，这些活动将引导我走向这样一种未来——我将很自豪地邀请我的父母亲来参观。与此同时，它们让我远离这样一种未来，例如我会因被成堆的脏衣服绊倒而沮丧。但是这些活动并不影响我是否能得到新客户，所以对于我的职业目标来说没有意义。

同样，花在职业活动上的时间会导向两种大相径庭的职业未来，一种是事业蒸蒸日上，另一种是事业每况愈下，但是不会造成这样两种区别，一种是房子得到很好的维护，另一种是房子被荒废。不管我能不能升职，卧室的门闩还是插不上。每一个行动都是有意义的，但我必须仔细审视自己的内心，以了解我的行动所表现出的具体意义，以及它是否就是我打算获得的意义。

如果这样来看待行动，在有意的祈祷、业力和有回应的宇宙之间是否存在某种契合呢？通过我们的行动，我们选择在哪里投入我们的努力，通过有意义的历史选择过程，我们更有可能经历反映这些选择的情况。我通过挖掘神性冲动的深层蓄水池，并将我的内在体验转化为日常生活，来赋予世界以意义。

与其思考我的整个生命的意义是什么，不如思考如何让我所做的每一件事更有意义。我目前对生命意义的看法是生活要有目标感。这是多么大的挑战啊！有目标感的生活可以随时随地发生，因为回应性的宇宙会强化我所做的任何选择。因此，为了理解生命的意义（在我这里提供的工作定义中），我认为我们需要理解有目标感的生活意味着什么。

给我们的行为赋予目标感

你的生活是否有目标感？如果有，你并不孤单。我们在家里是什么样的人,在工作中又是什么样的人,这两者之间的文化契合度越来越高。职业女性教练凯西·卡普里诺(Kathy Caprino)调查了她的在线社区,发现这些女性最渴望的品质不仅是职业的,也是私人的。她的受访者表示,她们的十大价值观是幸福、金钱、自由、内心平静、快乐、平衡、满足、自信、稳定和激情。这些不像是那些只关心工作的人所具有的价值观,因为它们描述了受访者想成为什么样的人。如果深入思考,你会发现这十个价值观中的八个(除了金钱和稳定以外的一切)与生活中更深层的目的有关。如果你对有目标感的发展和让收支相抵同样感兴趣,那么这是很正常的事情,其他很多人也是如此。

那么,什么是有目标感的行动呢?每个行动在某种程度上都是有意义的,但有目标感的行动更难实现。有目标感的行动的意义与你的计划相契合。为了有目标感地行动,你必须知道你的意图,然后采取与你的意图相契合的行动。这种契合性很难实现。我想我们都有过这样的经历:我们给别人建议,目的是帮助他们,但他们却把我们的建议理解为批评。想象一下,如果我对女儿艾莉说:"如果你不穿那些不相配的护腿上学,你会更开心的。"我的行动是有意义的,因为它区分了未来她穿护腿和不穿护腿的情况。虽然我只是简单地说了这句话,但是我注定要改变这些可能性,不管她是顺从还是反抗。

我想说明的问题是,我的行为与我的意图并不契合,所以我的评论的意思不是我的本意。我想让她把护腿换掉,因为我担心她会因为穿不合适的衣服而被取笑。因为我有一个隐藏的动机,我的行为可能会导致她比其他情况下更难为情。事实上,我已经区分出了她有自我意识的未来和她无忧无虑的未来,而这并不是我想要的。我的行为的意义与我有意识的意图不契合,所以我的评论的目标感并不明确。

如果我的核心意图是建立我女儿的自信,那么在任何时候我都可以试着使我的措辞与我的意图相契合。我可能会说:"我注意到你今天早上选了一双颜色很鲜艳的护腿,但是它们根本不搭配!"对我 8 岁的女儿来说,被注意和思考——不是被评判——会增强她做出选择的能力,并建立她对自己的认识。这一次,我带着目标感采取行动,我的选择的最终结果将与我希望她拥有的体验相契合。

注意小孩子

有一次,我和艾莉一起去买五金器具,想把一个浪费水的喷头换掉。我想找一个合适的喷头,但怎么也找不到。尽管当时艾莉只有 4 岁,但我实在没有办法了,所以我告诉了她我在找什么。过了一会儿,她递给我一个小包裹,这是她在一个架子上找到的,被放错了位置。这根本不是我想要的东西,所以我试着找个合适的地方把它放回去,但是我忽然意识到也许这是我能用得上的东西。结果是,艾莉发现了一个我本来没有考虑过的不同的解决方案,甚至连尺寸也是合适的。问题就这样愉快地解决了。

"找到我们的目标"和"找到目标感"是有区别的。前者暗示了一个关于人生目标的非常大的声明,就好像在我们生命中有什么是我们应该做的,我们必须找到正确的事情。我更喜欢后者。我认为宇宙会对我们做出的选择做出回应,为我们的生活带来与这些选择相匹配的新事件。这样一来,我们的每一个日常行为都变得非常重要。给每一个行动赋予目标感是我们可以养成的习惯。这就像照料一个花园,它不是一个只生产一种经济作物的工厂化农场,而是一个自家的花园,在不同的时间为了不同的目的种下不同的种子。

你的一些行为是有目的地在家庭中培养亲情，你的其他行为会促进你的事业成功。在花园的其他角落里，你种植种子纯粹是为了在生活中获得快乐和满足。找到目标感更注重的是"感"而不是"目标"，目标可以是你的任何目的或意图，但你的目标感是独一无二的。找到目标感就是在你所做的每件事中找到你自己的本质。

在本书的讨论中，物理学的作用是让我们理解我们行为中意义的灵活性。我将向大家展示，每天，我们的选择都会选择与之相匹配的未来结果。在此过程中，我们称为共时性的有意义的事件变得更有可能发生，因为事实很简单，它们会导致那些与我们自己契合的未来结果。本书旨在帮助读者形成一种左脑思维，理性地理解科学如何预测生活中有意义的巧合，我希望读者能找到灵感，积极探索在一个对你的选择做出回应的宇宙中，有目标感的生活意味着什么。

什么是共时性事件？

根据我的定义，共时性事件是一个似乎与我们生活中正在发生的事情密切相关的事件，特别是与我们已经做的或试图做的选择有关的事件。共时性事件本来似乎不太可能发生，但是正如我们将看到的，由于它与对我们有意义的潜在未来之间的关系，它变得更加有可能。下面我将举例说明。

在攻读物理学硕士时，我有一个朋友叫艾薇塔（Evita）。我们几次谈到我对有意义的巧合的研究，但她对此持怀疑态度，或许每一个物理学家都会这样。在我们学习的最后一个学期，她正在等待申请的博士项目的回复。不久，艾薇塔得知她被一所很好的大学录取了，但那所大学位于一个生活成本昂贵的城镇，而且离她家很远。然而，她最想去的大学却把她放在了候补名单上。这是一个两难的问题，因为她最想去的这所大学离她家很近，可以让她以更少的预算维持生活，而且离家人更近。

我本想告诉艾薇塔，如果她努力跟进这所大学，最终可能会出现一个对她有利的巧合。但她对这个概念的怀疑让我克制了自己，只是对她表达了同情。

一周后，艾薇塔给我发了条短信，说她好像进不了她真正想去的大学了。此时，我意识到了自己的疏忽，就给了她我通常会提供的关于在生活中寻找更多共时性的建议。我说："你要表现得非常想要去那里读博士，即使你认为这样做不会有任何效果。也许你可以开车去学校，找个合适的人谈谈。如果你找不到合适的人，就和你在那里遇到的任何人交谈，看看你能建立什么样的联系。读一些你可能想一起做研究的大学教授的论文。采取主动，目标明确，但要保持思想开放。"**我的建议是基于这样一个原则：有意识的、目标明确的行动可以促进意外巧合的出现，从而帮助我们实现目标。**

艾薇塔很感激我的帮助，但很明显，她不相信这些会起作用。毕竟，她申请的大学是一所录取政策和程序都很明确的大学。可以让她被录取的是她之前的准备，而不是她申请后的态度。

到了这周快要结束的时候，艾薇塔满脸笑容地出现在课堂上：她在最后关头被录取了。她告诉我，她确实给学校打了电话，令人惊讶的是，物理系的代理系主任和她母亲的论文指导老师是同学。这一切简直是天意。

这就是共时性。这是一个不可预测的巧合，但却以一种有意义的方式解决了她的问题。更普遍地说，共时性可以呈现出各种规模，从意义重大的到几乎不引人注意的。关键的因素是事件之间并不存在因果关系（例如，艾薇塔给学校打电话的事实并没有导致代理系主任的同学成为艾薇塔母亲的论文指导老师），但这是有意义的互相关联（即这组事实解决了艾薇塔面临的问题）。事件之间可能有间接的因果关系，比如这所大学位于艾薇塔长大的城市，所以她母亲和学校之间的联系就不足为奇了。尽管如此，艾薇塔给学校打电话的行为和代理系主任的身份之间并没有直接的因果关系。这种巧合的概率并不一定非要很小才可以被认为是同步的。我认为与我们生活最相关的是常见的小共时性，而不是罕见的大共时性，因为这是一种我们可以融入日常选择的共时性。

艾薇塔感谢我的建议，我说："你应该感谢共时性。"她回答说："通常情况下，我不会同意你的看法，但这次……"这是一个有意义的巧合，可能会对她的博士课程和之后的生活产生非常大的影响。她没有去离家很远、生活费用昂贵的大学，而是去了离家更近、经济上更有保障的大学。

在这里，我们遇到了贯穿全书的不一致性。在上面的例子中，我确定无疑地宣称，艾薇塔的经历就是一种共时性，因为对她来说这是一种不可思议但非常有利的情况。但是，一个巧合是否应该被认为是有意义的，以及是否应该采取行动，最终取决于她的内在认知。根据有意义的历史选择理论，尽管有意义的情况是客观定义的，而不是主观定义的，但这并不允许一个人告诉另一个人他们生活中哪些事件是有意义的，应该去关注。最终，共时性是从每个个体的角度来定义的，共时性尊重个体的自主性。最终的判断是由个人的内在认知做出的。

与共时性有关的研究越来越多，研究者阵营也非常庞大，其中包括卡尔·荣格、大卫·皮特（F. David Peat）、约瑟夫·贾沃斯基、艾伦·库姆斯（Allan Combs）和马克·霍兰德（Mark Holland）、菲利普·梅里（Philip Merry）、沃尔特·贝茨（Walter Baets）、伯纳德·贝特曼（Bernard Beitman）、海琳·舒尔曼·洛伦兹（Helene Shulman Lorenz）、布莱恩·亚瑟（W. Brian Arthur）及其同事们、科比·萨普莱斯（Kirby Surprise）、狄巴克·乔布拉（Deepak Chopra）、亚瑟·凯斯特勒（Arthur Koestler）和保罗·卡默勒（Paul Kammerer）。现有的理解或应用共时性的方法涵盖了心理学、物理学、统计学、心灵学、精神病学、神话学和商业。

如果共时性被视为一个单独的独立事件，我们可能会将其视为偶然事件而置之不理。但是，如果我们不断地观察生活中的事件为我们提供有用的信息，这意味着观察我所说的宇宙的回应，我们就进入了心流状态。这里重申一下，**这本书的核心前提是"心流"和"共时性"是密切相关的。共时性是指当情况以一种有意义的方式与我们相契合时，当我们能够将这些情况融入我们的日常活动和决策时，我们就会进入心流状态。**

对心流状态的现有研究

在生活中，我们可能会有很多心流的经历，甚至每天都会有很多次。对我来说，心流状态更容易在深夜发生，此时，我的计划大脑慢下来，我的创造大脑专注于读一本书、写一篇文章、创作歌曲或弹钢琴。一旦进入心流状态，我脑海中不再是到底先做哪件事的喋喋不休，我听到的都是我自己对学习和创造的好奇心。我专注于正在做的事情，从一个任务转移到另一个任务，从不质疑我应该做什么或不应该做什么。即使我有一份完美的任务清单，上面列出了每一个行动的利弊，以便让我的成功最大化，但当处于心流状态时，我也通常会做一些意想不到的事情，推动我向新的、更有趣的方向前进。

当处于心流状态之中时，时间的流逝是不同的。我经常熬夜到午夜之后很长时间，因为我会全神贯注于当时想做的任何事情。我会忘掉时间的流逝。我没有日程表。我只是坐下来，让时间和空间围绕着我，然后一个任务出现了，吸引了我全部的注意力。我发现，自然的好奇心将我的注意力吸引到我所从事的任何项目上，而不是担心我是否在做生命中最重要的事情。我让我所做的事情变得有意义，我的生活也变得有意义。在心流状态中，我自然而轻松地决定我接下来应该处理什么任务。我全神贯注于一项任务，直到我自然而然地感觉到是时候去做别的事情了。在心流状态中，每件事都有它的时间。如果在水到渠成之前操之过急，就无法进入心流状态。

天啊，真希望我们能把那笔钱要回来

我们夫妻俩一直梦想着拥有一座乡村别墅。有一天，当我们开车经过乡村时，我们发现了一块完美的土地。这块地的价格和我们刚卖掉的那匹弗里斯马的价格一样，但我们已经用这笔钱付了我们现在房子的抵押贷款。我们想："天哪，要是当时没有偿还抵押贷款就好了。"然后我们开始计划如何筹集资金。但后来我们收到了一封来自抵押公司的信和一张未兑现的支票，信中说他们不知道我们想让他们用这笔钱做什么。不用说，我们撕碎了支票，买下了这块土地。（本故事由贝蒂提供）

"心流"背后有大量心理学、神经学和物理学领域的研究。在其关于心流状态的开创性著作中，契克森米哈赖说，当一个人处于之前提到的全神贯注的状态时，"他就能够忘记生活中所有的不愉快"。心流与全神贯注的状态密切相关。契克森米哈赖接着说道："因为大多数工作以及一般的家庭生活都缺乏心流体验的迫切要求，

注意力很少会如此专注，以至于可以自动地将干扰和焦虑排除在外。"只有专注于手头的任务，让自己忘记失败的后果或明天的压力，我们才能进入心流状态。这让我们不再担心能否把工作做好。契克森米哈赖将他的研究参与者对心流的看法描述为"意识是和谐有序的，他们专心致志于手头正在从事的任何事情"。

受契克森米哈赖研究成果的启发，其他研究人员和作者专注于大脑状态的变化，这些变化会导致注意力更集中，抑制能力下降。推动这项研究的主要观点是，最佳行动源于高涨的精神或情绪状态。史蒂文·科特勒（Steven Kotler）写过一些畅销书，探讨了心流状态在开发人类潜能（尤其是极限运动）的过程中所发挥的作用。还有人研究了世界对我们达到这些具有高度创造性的状态的影响。约翰斯·霍普金斯大学的利姆（Limb）和布劳恩（Braun）发现，当爵士音乐家即兴演奏时，与自我谴责有关的前额叶皮层的各种功能会受到抑制。音乐家很清楚，当他们即兴创作时，试图决定下一步做什么是"死亡之吻"。表演者应该进入一种心流状态，让他们的真实自我自然表露。

对艺术家、运动员和其他高强度表演者心流状态的研究引人注目。但这项研究通常将外部世界视为一幅静态画布，仿佛心流体验只是一种感知世界的不同方式。这种观点忽略了世界会对我们的行为做出反应的可能性。在一个会做出回应的宇宙中，当我们进入心流状态时，不同的情况就会发生。我们做出的选择会反映在出现的外部世界中。心流不仅是我们对生活的诠释（即积极的心态），也是一种能够影响我们自身之外的事件的存在状态。当我们与生活保持契合时，就会出现一种心流状态，然后我们会发现，生活也与我们保持契合。

通过专注于手头的任务而进入心流状态并不总是那么容易。契克森米哈赖认为，任务的挑战性和执行者的能力是影响我们在执行任务时能否进入心流状态的重要因素。如果能力超过了挑战，我们就会感到无聊；如果挑战超过了能力，我们就会感到焦虑。此外，能力和挑战的级别都必须很高。进入心流状态意味着我们把自己置于适当的挑战之下，并且有足够的能力去应对。他将这种能力水平和挑战水平之间的平衡称为"心流通道"（flow channel）。

很多时候，我们在生活中所面对的任务可能会让我们觉得是重复的、可预测的，以至于我们可以不假思索地完成。乘坐地铁去上班是例行公事，所以并不是每一刻都显得很神奇，也不需要集中精力。然而，有意义的事件随时都可能发生。要想进入心流状态并找到有意义的体验，需要把每一刻都当成宝贵的时刻。在看似不重要的时候关注看似不重要的事件，小的巧合有时会引导我们走上有意义的道路。进入心流状态就是允许自己被这些巧合所引导，并从中发现意义，注意那些看似无关却可能与同一个目标相关的事件。

在儿童读物《神奇的收费亭》（*The Phantom Tollbooth*）中，亚历克送给米洛一台望远镜，告诉他说：

> 在你的旅途中带着它，因为有很多值得注意的东西往往逃过了你的眼睛。透过它，你可以看到一切，从人行道裂缝里柔软的苔藓到最遥远的星星的光芒。最重要的是，你可以看到事物的真实面目，而不仅仅是表面上的样子。

这台望远镜还可以帮助我们看到它正在等待共时性，即使是在不太可能的地方。

我的父亲是一名建筑承包商，有一次，他在施工过程中从当地一家塑料专卖店订购了一小块带镜面的塑料。他只需要一块，但他订了两块以防万一。当他去取货时，东西还没有准备好，他不得不等待裁剪工完成另一个任务，然后终于完成了他的订单。

想象一下我父亲站在商店里，无聊地等着。如果我处于那种状况，我可能会很烦躁。我可能会查看手机，胡思乱想，并因延误而变得越来越沮丧。而我的父亲则耐心地等待着，顺其自然。当裁剪工最终完成时，他很感谢我父亲的耐心，为了表达自己的感激之情，除了原本订购的两块塑料，他又额外送给了父亲两块。我的父亲想到，下次我女儿来的时候，他可以和她一起用这两块塑料做一个万花筒。等待订单完成的经历给他带来了一个意想不到的机会，如果他当时的心态不一样，可能会错过这个机会。在日常生活的浅层土壤中挖掘，谁知道我们会发现什么宝贵的想法？

作为一名物理学家，我的研究重点是试图理解量子力学的基础，以揭示共时性背后的物理学。但在问自己这项研究对世界有何用处时，我得出了共时性能导致心流状态的结论。处于心流状态意味着我们能够以一种实际而超验的方式与共时性共舞。在接下来的内容中，我将展示生活中看似不相关的方面，比如我们关系中的真实性、发自内心地生活以及对有意义结果的信念，都可以来自心流状态。

第二章

期待同步，感受心流

几年前,我和妻子丹娜决定翻修一下客房。丹娜问道:"你确定我们能行?"我们打算雇一个承包商来为我们做一些工作,所以我很自信地回答:"会出什么问题呢?"结果,开工刚一周,我们的承包商就出了个施工错误。出于保密的原因,我这里不能详细说明究竟发生了什么,但直到五个月后,我仍然深陷于止损和危机控制之中。我写了一封电子邮件,要求(用不太友好的语言)承包商交出许可证,这样我们就可以在没有他参与的情况下继续。他回复说他会把我的电子邮件转发给他的律师。

我是怎么走到这一步的?情况为什么会变得如此失控,以至于我会做出一些在正常情况下完全不会做的言行?那天晚上,我沮丧地哭了,绝望之中,我放弃了试图挽回局面的努力。我不知道当时在做什么,只是把注意力转移到心流状态。我放弃了自己有解决办法的想法,既是对神圣的存在,也是对自己的灵魂,我说:"我所做的一切只会让事情变得更糟。请告诉我应该何去何从。"

直到今天,我也不确定到底是什么发生了改变。然而,我可以告诉你,我没有再费什么劲,两周后,我们拿到了许可证,找到了一个我们信任的承包商,问题一步一步得到解决。那天晚上究竟发生了什么变化?我不再试图去解决问题、控制我的妻子、控制承包商,而是让自己去感受当时所处的困境。就像一个12步康复法的参与者,我对自己持开放和诚实的态度,而不是固执己见。

学会如何感受

本书最重要的信息可以用一个词来概括，那就是感受。

我的本土文化身份——白人、西方、男性——非常强调对情感的坚忍控制。文明在技术、民主和金融等许多领域的伟大成就都鼓励我们重视理性思考。然而，没有人可以不受情感的影响。尽管在适当的时候，斯多葛主义可以成为强大的力量来源，但从抑郁症、阿片类药物成瘾、家庭暴力，甚至恐怖主义行为的广泛程度来看，我们的忍耐也造成了一些问题。为了解决我们在生活和更大世界中造成的痛苦问题，我们需要学会用我们的心去感受。

身为人类，就要面对巨大的逆境。2001年9月11日，美国人失去了许多朋友、家人和同胞，也有许多人失去了他们的纯真。2010年的地球日，美国遭受了其历史上最严重的石油泄漏，泄漏的石油破坏了墨西哥湾和整个地球的海洋生态系统。2011年3月16日，一场海啸对日本福岛的一座核电站造成了严重破坏，大量放射性物质流入太平洋。

这些情况可能会让人不知所措，我相信我们大多数人都会找到一种方法，将它们从我们的头脑中——更重要的是，从我们的内心中——驱赶出去。我认为我们对共时性和心流的认识恰逢其时。共时性让我们了解自己真实的感受，而心流鼓励我们对自己真实、对他人坦诚地表达自己的感受。

在我们目前的情况下，这是一份至关重要的礼物。在我的翻修项目中，这种意识帮助我使项目走上正轨，但更重要的是，它使我从试图自己管理项目时感到的自我强加的孤立中解脱出来。由于意识到自己的感受，我不再试图解决问题，而是开诚布公地与丹娜分享我的感受。我不再努力去控制世界——这不仅给我带来了痛苦，也给其他相关的人带来了痛苦——而是向丹娜倾诉我的烦恼，而她也经历了同样的情况。

我们的烦恼让我们放下那些阻碍我们过一种完全真实的生活的东西。我们的悲伤，以及随之而来的愤怒，可以点燃我们内心的火焰。我们并不需要都成为活跃分子。我们并不需要都遵循政治或社会变革的外部路径。在我们的生活中，在我们的家里，在我们的工作或礼拜场所，只要让那些真实的感觉进入我们的内心，就可以让我们勇敢地做诚实的自己。当我们真实地感受我们的情绪时，我们不再愿意让生命在没有大声表达过自己的情况下流逝。我们也不再愿意让外部标准来决定我们是谁。重要的第一步是让我们自己感受损失所带来的悲伤，无论失去的是与所爱之人的联系，是生态系统或生物，还是一种职业、一种生活方式或一个机遇。当我们对自己的经历敞开心扉时，我们也能重新获得感受快乐的能力、对我们所拥有的东西心存感激的能力，以及对自己生活的掌控感。

根据我在这里提出的共时性和心流理论，我们的感受是我们和外部世界之间的接口。当我们开始为我们的感受负责，允许自己去体验它们，并且在必要的时候去治愈与它们相关的伤口，我想我们可能发现宇宙会做出建设性的回应，会发生一些事件，鼓励我们重建一个每个人各得其所的世界。带着来自心流状态的清晰、开放的心态，我们将会产生一种与慷慨和宽恕而不是贪婪或报复相契合的"定性体验"（qualitative experiences，我们后面将对这个表达加以定义）。通过这样做，我们将增加有用的或建设性的、有意义的巧合的可能性。

有意义的巧合依赖于这样一种观念：有些情况对我们有意义，而有些则没有。为了理解这个概念，让我们探讨一下"意义"这个词究竟是什么意思。

客观意义和主观意义

为了帮助我们更好地理解共时性，我需要从自己的研究中提出一些新的想法——这些想法仍在发展中，尚未在科学界牢固确立地位。对大多数物理学家来说，意义是一个心理学概念，与我们个人赋予事物的价值有关。例如，如果上周有人在黑暗的巷子里偷了我的钱包，当你在黑暗的巷子里从我身边走过要和我握手时，我可能会害怕你。虽然你的举动是出于好意，我也很安全，但我个人的心理让我以某种特定的方式来理解当时的情况。这就是我所说的"主观意义"。

物理学家会努力避免像这样的个人理解，这就要用到"客观意义"。这种类型的意义可以被精确地定义，所以它不是一个个人解释的问题，这样我们就能看到共时性是如何产生的。

从杀手到良药

在第一次世界大战中，军队大量使用芥子气作为武器，导致了可怕的结果，芥子气会对黏膜和皮肤造成伤害。幸运的是，两名警觉的医生在救治战壕中暴露在芥子气中的士兵时，注意到病人的白细胞减少了。最终，这种敏锐的观察导致了氮芥的发明，这是一种抑制淋巴瘤患者癌细胞生长的药物。

为了表达这个概念，我们需要谈谈活着是什么感觉。我同意大卫·查尔莫斯（David Chalmers）等哲学家的观点，他用"感受质"（qualia）这个词来指代我们作为人类所经历的主观的定性体验。例如，看到蓝色、品尝樱桃、和朋友在一起的感觉都是感受质的例子。你会注意到，对于一个从未体验过的人来说，感受质的定义是无法理解的，例如，你不可能向一个从出生就失明的人定义"蓝色"。

查尔莫斯说，感受质的概念引发了他所谓的关于意识的"难题"，即是什么让我们感受到活着的感觉。我们当然可以从舌头和大脑神经被激活的角度来描述吃樱桃的过程，但在书上阅读这种描述永远无法向你传达这种体验究竟是什么样子。同样，想象一个在纯黑白环境中长大但熟悉色彩科学的科学家，在一个阳光明媚的早晨，她第一次走到院子里，那时她才真正感受到了色彩。哲学家弗兰克·杰克逊（Frank Jackson）用这个思维实验来说明，定性体验肯定不仅仅是物理神经元放电这么简单。

显然，定性体验肯定是一种基本的东西，一种对感觉活着的体验绝对重要的东西。我们无法想象没有定性体验的生活会是什么样子。用查尔莫斯的话来说，没有感受质的人就是"僵尸"。当然，你知道做你自己是什么感觉，所以你不是僵尸。你是一个有意识的生命；因此，定性体验是你成为你的基础。

所以，我认为世界是由体验组成的。像电子这样的物理粒子组成的事物——蓝色的汽车、甜樱桃——让这些体验成为可能。有趣的是，如果你用一些物理学家的方式来思考，物理学似乎也持同样的看法。量子力学告诉我们，物体本身是不存在的，只是与物体相关的属性的集合。电子的质量、电荷、位置和动量都是我们可以测量的属性，除此之外就没有别的了。此外，这些属性只是相对于观察者而存在。如果不定义信息的接受者，即"体验者"，那么事物就没有明确的属性。

电子是什么？只是一个可预测的多种属性的集合。那么，什么是体验呢？它们也是多种属性的集合。吃巧克力的体验结合了味觉、嗅觉和身体的感觉。虽然对巧克力的描述比对电子的描述有更多的变化空间，但如果你在多种情况下重复与吃巧克力相关的一系列属性，它们会感觉彼此非常相似，创造出一种单一的基本体验类型。我们的经验是基于我们衡量的周围世界的属性，而这些属性只能从我们的角度来定义。没有体验者，就不存在明确定义的属性。事物的属性和我们对这些属性的体验之间没有区别，因为这两者是不可分割的。因此，世界只不过是我们的经验而已。

在这个思维框架中，我们行为的客观意义与我们的行为所带来的定性体验有关。

为了说明什么是客观意义，我们以喜欢保持家里整洁的小刘为例。小刘花了很多空闲时间整理房间。我们可以说，他的行为是有意义的，从某种意义上说，它们导致了他想要的体验，比如，生活在一个干净的环境中。这种整体体验是由他所寻求的具体体验组成的，比如在厨房里有一种自由的感觉，这种感觉来自不用清理昨天的盘子就可以做一顿饭，或者一种坐在井井有条的书房里的平静感。

通常，他的这种意图会导致他从事这样一些行为，即这些行为可以带来一个干净的家的体验。他的行为和结果之间的这种直接关系就是客观意义。如果他把空闲时间花在骑自行车上，我们可以推断他是在寻求身体健康或精神上与自然联系的体验，我们之所以这么说，是因为在他感觉健康和充满活力时，往往会有更多这样的体验发生。如果他花时间来买衣服，我们可以推断他是在寻求对自己的外表感觉良好的体验。

导致拥有一个整洁的家的体验的行为也有可能来自不同的意图。例如，小刘之所以会打扫他的房间，或许是因为他害怕受到母亲的批评。他选择做什么是为了获得某种定性的体验，无论是在干净的厨房做饭的感觉，还是母亲表扬他的时候的感觉。小刘所选择的定性体验可能并不会马上显现出来，甚至对他本人来说也是如此。打扫房间可能会带来许多不同的体验，我们通过由此产生的体验来定义刘先生打扫房间的客观意义。

我们姑且说小刘的动机其实是想给他的母亲留下好印象，这可能会导致不同的结果，因为他可能会做出存在细微差异的选择，例如，他对 A 产品清洁地板的效果不满意，因此选择使用他从未尝试过的性能更强的 B 产品。如果发现 B 产品的性能太强大，损坏了他的地板，他可能会变得心烦意乱，这可能会让他突然意识到他和他妈妈之间尚未解决的问题。我们在这里看到两个非常相似的行为，但客观意义不同。对 A 产品的满意导致了一个干净的家的结果，体现了小刘想要一个干净的家的意图。使用新产品 B，因为它比 A 产品性能更强，结果导致了地板损坏，表明他想要给母亲留下好印象，这导致他必须面对他的母亲，或至少要处理他隐藏的感情。他的行为具有客观意义，我们可以从其后果中了解这种意义。

作为家长，我看到过这种情况。我的行为的客观意义是由它们的结果产生的，而不管我的意图是什么。以第一章中我女儿的护腿为例。我可能认为，通过鼓励她换衣服，我是在帮助她学会自我感觉更好，但是我的行为实际上破坏了她的自主权。不管我是否有意，结果是，她的自我意识增强了，对自己的选择能力的信任减弱了。这反映了我的行为的客观意义。在这个例子中，要想确定我的行为的客观意义不仅需要理解物理世界，也需要理解情感和心理世界。

我们隐藏的动机会把水搅浑，让所有的意义看起来都是无可救药地主观。但就像伽利略意识到了摩擦这种隐藏的力量导致事物减速从而掩盖了惯性的自然法则一样，**我相信我们隐藏的动机会影响我们的行为，并掩盖宇宙做出的回应。我认为所有的行为都有客观意义，但它们是否与我们的意图契合则是另一回事。我们的意图和**

潜在的现实情况之间的不契合，使得我们很难准确地看到生活中事件之间有意义的联系。《从心觉醒》(Seat of the Soul)一书的作者盖瑞·祖卡夫（Gary Zukav）说："如果你有相互冲突的意图，你就会被撕裂，因为这些彼此对立的动力都会被启动，而只有最强的意图才会胜出。"

协调心流和共时性的诀窍是能够识别我们行为的客观意义，然后做出调整，使它们与我们的意图相契合。

主观意义来自用语言表达出来的想法和意见，例如谁说了关于谁的什么，我对这个或那个的看法是什么，而客观意义是由经验本身组成的"语言"所表达的。我很快会更详细地描述这个概念，但首先有必要探讨一下卡尔·荣格关于原型和集体无意识的理论。

荣格的原型与象征主义

荣格认为，我们的潜意识包括一个我们都共有的非个人层面，他称其为集体无意识。他从很多源头得出这个结论，包括跨文化、不相关的时间和地点使用的共同符号的例子。例如，荣格描述了这样一个精神分裂症患者，他对荣格说，当他直视太阳时，看到太阳上挂着一个阳具，风就是从那里来的。荣格当然对这种错觉感到困惑，但四年后，他发现了一本关于古代密特拉教的书，书中描述了同样的象征主义。荣格完全确信他的年轻病人不可能知道密特拉教，感到有必要怀疑这个年轻人是否在利用一种共同的潜意识象征语言。是否存在对所有人都具有某种客观意义的象征形式呢？荣格说："我必须再次强调，集体无意识的概念既不是一个思辨的问题，也不是一个哲学的问题，而是一个经验的问题。问题很简单：是否存在这种无意识的普遍形式？"

荣格称这些普遍形式为"原型"。他解释说:"原型的概念……表明了在心灵中存在着明确的形式,这种形式似乎总是无所不在。"这种观点表明,一些象征之所以能够向我们传达意义,不是因为我们自己的过去的经验,而是因为我们共同的集体经验,"不是单独发展,而是继承"。

荣格的原型的另一个例子是"双重母亲",这个主题以各种形式出现,从希腊神话到基督通过洗礼重生,再到古埃及两次出生的神王。可以说,在今天的教母或教父的概念中也有双重母亲这一原型。因为从生物学上讲,人类没有必要有两个母亲,荣格指出:"人们无法避免这样一种假设,即再生母题的普遍出现满足了反映在这些母题中的无处不在的人类需求。"

我对意义和象征主义的研究方法与荣格的略有不同。我不研究集体定义的象征本身,比如上面描述的双重母亲;相反,我关注的是我们的实际经历如何象征性地反映出我们的选择的意义。然而,这两种观点都涉及一种集体象征语言,在这种语言中,经历代表着某种特定的意义。在这两种情况下,象征的意义都是由人的内心状态决定的,然而,内在状态和外在世界之间是有联系的。

一种具有象征意义的经验意味着什么?象征是代表另一事物的某物。除了从具体细节的角度来思考一种经历本身,我们还可以通过考虑它所产生的内在认知和情感体验来思考它的象征性质。例如,我前文所描述的关于我女儿的护腿的经历涉及一系列真实的情况:我们在客厅里,那是一大清早,她正准备去上学,我在质疑她的着装选择。在某种程度上,这种经历与我们前一天的经历类似:当时她在厨房里吃零食,我评论了什么才是最健康的选择。这两件事在具体细节上大相径庭,但她所经历的潜在认知和情感信息是相似的,即我在质疑她的判断。因此,这两个不同的事件"代表"一种类似的定性体验。

在历史上，物质世界从属于思想世界或意义世界的观点以各种形式出现过，其中包括荣格的分析心理学，柏拉图、伯克利和康德著作中所表达的唯心主义哲学，唐纳德·霍夫曼（Donald Hoffman）等人的现代认知科学，以及许多东方精神传统。这一观点可能有很多种版本，其倡导者也有很多详细的论点，要想对其加以探讨，恐怕需要花费很多笔墨，并将使我们偏离主旨，所以我在这里不再进一步讨论。

我得出这一观点不是基于我的哲学偏好，而是基于实践经验。在我的理解中，量子力学的观点非常清楚，即物体没有明确的属性，除非我们与它们相互作用。此外，在最后两章中，我将说明光是"永恒的"。这意味着量子力学适用于一切事物，与我们相互作用的事物的属性并不是事物本身的真正属性。我们所体验到的属性只与我们自身相关，所以并不存在客观的、确定的"外部"世界，只有一套每个人都有的、相对的、相互契合的体验。我相信这些结论最终将在物理上得到验证，尽管这还没有被验证过，而且关于量子力学对世界的真正解释仍然存在很大的争论。结合我自己关于共时性的实践经验，我开始怀疑物质世界中的物体是代表经验的象征。

生物化学的共时性

生物化学往往受益于共时性，因为有机分子中原子的可能组合的数量是巨大的，而有用的少数组合又很难找到。在过去的三十五年里，《生物化学杂志》（*Journal of Biological Chemistry*）发表了四十多篇包括以下表述的文章：

"机缘巧合完全有资格作为本文的合作者。"

"（这一发现）有很多偶然性和洞察力的因素。"

"科学上的意外发现是一件很奇妙的事情。"

"机遇眷顾有准备的人——从意外发现到理性的药物设计。"

"晶体中的中间体：如果你搜索的时间足够长，它们会找到你。"

"（感谢我的资助者使我们）有可能沿着科学发展的意外发现之路前进。"

"脱氧核酶：DNA催化剂开发中的选择设计与意外发现。"

一个有意识的人吃了一块巧克力，就会感受到一种名为"巧克力"的东西的内在体验，并通过这个符号与周围的物质世界"沟通"。换句话说，吃巧克力的体验本身与吃巧克力的内心体验有关。但这些内在体验并不仅仅与吃巧克力的具体行为有关，还与所有其他可能的情况有关，包括在不同的情况下吃巧克力的具体行为。这就像"巧克力"这个词既可以指代我现在吃的黑巧克力，也可以指代我昨天吃的和明天将要吃的牛奶巧克力。生活中的定性体验就像是有反应的宇宙和其中的生物之间的语言交流（尽管我不想在这里阐明生物与宇宙其他事物之间的区别）。有机体的内在体验是被交流的内容，而体验本身——物质世界——是交流的媒介。

因此，因我们的行为而产生的定性体验导致了我们对行为的客观意义的认识。通过客观意义，我们现在可以理解我所说的"可能性之树"是如何决定未来情况的可能性并导致共时性的。

有意义的历史选择的基本模式

有意义的历史选择的前提是，我们在日常生活中所经历的世界是一组从多种可能性中提取的特定情况。可能实现的可能性可以被想象成一棵树的分杈（见图1）。我们能够以不同的方式塑造我们的生活，而这一切皆取决于我们如何爬上这棵树。

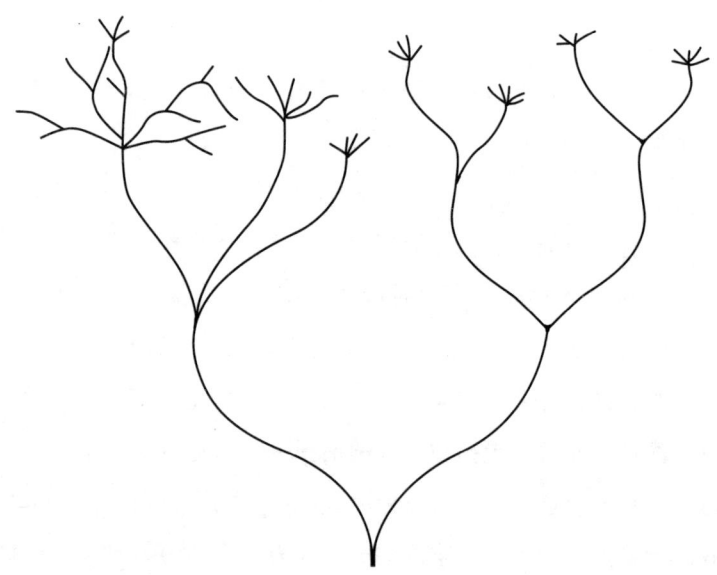

图1：我们在日常生活中经历的事件可以被描绘成一棵有多个分杈的可能性之树。每一个分杈代表着世界展现的不同方式，每一个分杈都包含着整个宇宙，只是排列方式不同。当我们从树的底部向上移动到树的顶部时，我们做出可以决定我们最终在哪个分杈上的选择。虽然每一个分杈都代表整个宇宙，但有些分杈可能比其他分杈拥有更有利的环境。

这个形象来自量子力学理论的数学原理。这棵树的数学原理已经在主流物理学中得到了很好的确立。然而，这棵树的意义，例如，这些树杈是否真的代表平行宇宙——在物理学中是一个持续争论的问题，在本书的后面几章和附录二中，我将对此加以概述。

在我们思考这棵可能性之树的时候，我们必须非常小心。它不是一个简单的帮助我们驾驭生活的"决策之树"，也不是用来经营企业或者检修故障的流程图。这棵树的每一个分权都代表了有着属于自己的不同分权的整个宇宙。换句话说，它是通过可能的经验形成的决策之树。我们利用这棵树从一个风景导航到另一个风景，而不是利用它来穿过单一的风景。在最上面的一根树权上，我可能会成为一名建筑师，而在另一根树权上，我可能会成为一名雕刻家。这两个分权都可以代表我，但情况不同，这种差异既基于我一路上的决定，也基于宇宙在每一步的反应。这一原则在小范围内也同样适用，例如在一根树权上，我去一家杂货店，偶然遇到了一个老朋友，而在另一根分权上，我去了健身房，结识了一个新朋友，而他将成为我下一个专业项目的合作伙伴。任何一根分权都可能很棒，但它们涉及不同的情况。

这棵可能性之树的一个关键特征是，如果我选择去杂货店并偶遇老朋友，在健身房遇到合作伙伴的可能经历就不会存在于这根树权上。在这根树权上，健身房那天可能已经关门了。我们只能谈论我们实际上所处的分权，这里涉及一个被称为"反事实不确定性"（counterfactual indefiniteness）的概念。我们可能会认为是错过的机会的其他树权并没有任何"真实性"。在这个模型中，后悔错过了机会没有任何意义，因为机会只会随着我们实际做出的选择而出现，而不是那些我们本可以做出的选择。

我们可以把这棵可能性之树想象成一棵苹果树（见图2）。有些树权上有苹果，有些没有。有些树权上的苹果可能比其他的大。苹果代表与我们的选择契合的结果。在最好的情况下，我们的意识和潜意识的意图是契合的，所以我们得到的结果是我们想要的。然而，在很多情况下，我们的选择可能是针对我们并不真正想要的东西，因为我们是出于无意识的动机，这并不符合我们的最佳利益。无论哪一种情况，苹果都代表有意义的结果。

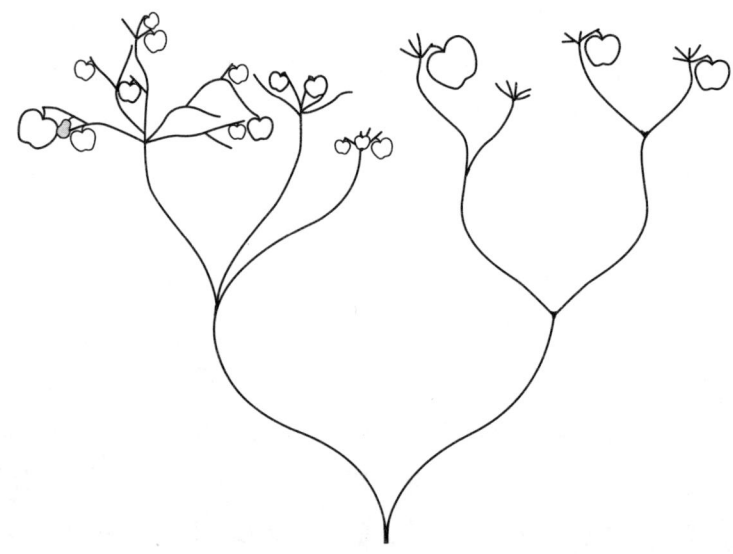

图 2：树上的每一根树杈都代表着情况可能发生的不同方式。树杈上的苹果代表了与你自己预期的定性体验（例如，你渴望呼吸一些新鲜空气）相匹配的定性体验发生的情况（例如，一个朋友邀请你去海边散步）。一个区域的苹果越多，该区域的经验发生的可能性就越大，你的意图（笼统地说）就越有可能实现。

有意义的历史选择的意义就是要爬上这棵树，找到反映我们意图的苹果。这样一来，我们不只是选择我们想去的地方并到达那里。毕竟，树上的分杈并不代表实际的位置，而是代表着不同的情境。爬树的行为即根据我们的想法、感觉和情绪做出决定并据此采取行动（在这个模型中，感觉和情绪之间有一个重要的区别，稍后将更具体地讨论）。我认为，我们的身体是被设计来预测定性体验的。例如，我们可能会期待与朋友联络的体验。这是一种想法（"我们想为友谊投资"）、感觉（与我们信任的人产生联系的兴奋感）和情绪（从内心深处摆脱孤独）的混合。无论是有意识的还是无意识的，我们都会情不自禁地预测未来的经历。每时每刻都有大量想法把我们的注意力集中于我们的体验，以及我们希望它们如何改变或保持不变。

我们的身体所适应的并不是这样的特定体验,而是这些体验的定性性质。我们可能会有意识地想到一种特定的体验,比如在杂货店遇到一个朋友,但我们的身体会有与这种体验的许多可能版本相关的感觉和情绪。

例如,假设你感到孤独,想着要是能见到你的朋友安妮该有多好。当你离开家的时候,你犹豫是去商店还是去健身房。你最终决定去健身房,但在你去健身房的路上有一个绕道,你绕到了商店附近。你索性去了商店,在店里遇到了另一个朋友麦琪,这让你有了与朋友交流的体验。

有意义的历史选择理论就描述了这种情况,即你对"与朋友联络"的期待会让可能性之树上的某些分权更有可能出现。一个涉及绕道的分权使你更有可能到商店里。这里还有另外一个分权,即麦琪当时碰巧也在那家店里。虽然你想的是安妮,但是遇到安妮的这种可能性或许并不存在(例如,她可能正在国外旅行)。然而,你对与朋友联络的体验的期待帮助你到了另一个分权,在这个分权中,相同的定性体验以与你预期不同的形式出现。之所以说这种体验是"定性的",因为它并没有像你所期待的那样发生,但它确实符合你的意图的定性本质。在不同的分权上,你会有不同的机会获得你想要的经验。你的选择塑造了它向你展现的具体方式。

从根本上讲,这里提出的共时性理论依赖于世界上可以测量的事物的属性和人们可以拥有的经验之间的联系。换句话说,我们预期的定性体验将我们与特定类型的结果相匹配,例如,鲁莽驾驶可能会与这样一种可能性相联系,即一只猫在我们的车前奔跑,从而导致一场车祸。这些类型的结果是由世界上真实事物(或属性)的实际可能配置组成的。事物属性和我们所拥有的体验之间的这种联系虽然很有趣,但仍然是推测性的,在理论中仍然是一个不确定的点。

一种新的世界观

我觉得这种新的世界观可以对我们的集体经验产生深远的影响。认识和理解我们的选择如何塑造我们的世界，是我们在当今文明中几乎无法做到的事情。我们善于认识到我们的选择是如何塑造我们自身之外的系统的，比如经济市场或（对我们大多数人来说）全球气候。但是当涉及人类的本性，尤其是我们自己的本性时，很难承认外界如何反映我们的选择，也很难为之承担责任。

我认为重要的是不要把这种世界观误解为一种"因果报应"，即认为那些正在遭受痛苦的人一定是由于过去的错误而罪有应得。世界要比这复杂得多，在人生旅途之上，我们每个人都必须依靠内在的认知来为自己解释生活中事件的意义。这种世界观认为，我们可以影响生活中发生的小巧合，如果我们通过"心流"的过程熟练地驾驭它们，在积极主动和顺其自然之间取得平衡，我们就可以利用宇宙的回应能力来构建我们的生活，朝着我们预期的最好的可能发展。当然，我们也可以利用宇宙的回应能力，在我们的生活中播下争论和不和的种子。

我们的人生起点各不相同。那些无论出于什么原因而处于困难环境中的人，可能都必须更加努力地工作，以达到稳定的基线，但我认为这可以通过生活的共时性中出现的心流过程来实现。然而，这并非易事，因为它依赖于一个最难做到的事情，那就是自知之明。为了做出与我们的生活和社会和谐相契合的决定，我们必须能够准确地体验自己的感受，并与他人真诚地联系在一起。如果我们不这样做，有意义的历史选择过程将对潜在的情感做出反应——比如，可能是自我毁灭或报复的欲望——我们将对生活中出现的事件感到沮丧。

如果你的选择塑造了你的世界，那么与其对你错过的机会感到遗憾，不如反思一下你可能会从这种情况中学到什么，以及下次你可能会如何做出不同的选择，这样会更有意义。**世界支持的是你选择的道路，而不是你没有选择的道路。**在前面选择商店还是健身房的例子中，既然你去了商店，谈论如果你去了健身房会发生什么就没有任何意义了。世界围绕着你做出的选择展开，而不是你本可以做出的选择。如果你没有选择去商店，你就无法肯定麦琪是否去了那里。既然你真的去了商店，那就没有理由后悔或许你应该去健身房，因为你需要锻炼。对于你选择的那个可能性而言，健身房可能真的已经关门了，所以这可能是件好事，因为你没有浪费时间。这一系列的情况是根据你的选择而发生的。在这个模型中，你并没有考虑这样一个事实，即健身房实际上已经关门了。这并非是读心术或预测未来，而是要寻求内心的清晰，用正直、自信和远见在这个世界上行动，这样宇宙就能对你的最高理想做出回应，而不是对你的担忧和恐惧做出回应。

  如果你的选择塑造了你的世界，那么与其认为你的选择在大局中并不重要，不如认识到无论你如何选择，都会有重要的事情发生。无论你在哪里，无论你在做什么，都要去发现那点滴的快乐。在心流状态中，新的联系往往以意想不到的方式发生，它们总是会对我们所做的选择做出回应。虽然你在朋友的婚礼上，但这并不意味着你不应该关注遇到新的商业伙伴的可能。同样，上班并不意味着你不应该为家里的创意项目或家庭度假方案提出新思路。每时每刻都能带来有用的信息，你如何应对一天中随机出现的快乐会对接下来发生的事情产生巨大的影响。

  如果你的选择塑造了你的世界，那么与其认为你面前的障碍是不可逾越的，不如寻找来自宇宙的巧合线索，这可能会让你优雅地扭转问题。即使可能性之树的大多数分权上存在问题，但是如果有一些分权上不存在问题，那么就可能有一种方法可以到达那里。通过寻找我们有意识的欲望和潜意识动机之间的契合，并寻找令人惊讶的机会，我们可能会离我们想要的结果更近一步。

如果你的选择塑造了你的世界，那么你就很难对自己在这个世界上的重要性感到不安。毕竟，如果宇宙会对你做出回应，那么你就是重要的。你或许会对自己所处的情况感到不满意，对自己的才能、智力或外表缺乏安全感，但你不可能觉得自己不重要。宇宙在我们每个人周围展开，这是我们扮演的关键角色。

如果你的选择塑造了你的世界，那么你就更容易在人际关系中找到和谐。其他人和他们的选择是支持你前进的环境的一部分。如果他们的选择与你想要的相冲突，那你就有机会反思为什么你认为自己的成功或幸福取决于外界的东西。例如，假设你有一个商业伙伴要离开合伙企业。这会阻止你朝着自己的目标前进吗？在这种新的情况下，你是否能够完成某种内在的成长——比如培养独自行动的信心——以便让自己不断采取有意识的行动？如果你这样做了，无论你的商业伙伴是否还在，回应性的宇宙将继续给你提供小的机会来建立你的业务。生活在心流中、注意共时性可以帮助我们发展健康的关系。因为宇宙总是在对我们做出回应，是我们的选择的反映，我们本身就是很强大的。其他人可以为我们提供合作和了解关系的快乐机会，而不再是痛苦、挫折和无法解决的冲突的根源。

如果你的选择塑造了你的世界，那么你可能会开始觉得，评估你的决定的唯一依据是看它们是否真的是你想要的。在一定的参考框架内，每一个选择都是"正确的"。每一个选择都在为获得预期的体验创造动力。你必须足够了解自己，才能知道你正在打造的经历是否是你想要的。这样一来，你就不会再质疑自己的决定，不会通过外部因素来判断自己是否做出了好的决定，而是会清楚地看到你的行动是为了获得什么样的体验，并马上知道这是不是你想要的。

情感驱动共时性

现在，我要大胆跳出我的科学的专业领域，从我的经验告诉你们我认为这一切意味着什么。

我们人类是经验的存在，我们生活在情绪的世界里。我们沉浸在潜意识情感的海洋中，而正是我们的情感驱动着有反应的宇宙。我们的情感将我们拉向生命中有意义的事件。

我说的"情感"是什么意思？它与有意义的历史选择有什么关系？我在这里使用的定义情感的模型来自神经科学、心理学和哲学的研究，它区分了经验、情绪、情感和思想。

心理学家保罗·埃克曼（Paul Ekman）在20世纪下半叶对人类的情绪进行了开创性的分类。埃克曼最为人所知的可能是他对与人类情绪相关的面部表情进行了分类，并确定了它们的普遍性。通过他的研究，我们清楚地认识到，情绪不仅仅是对我们经历的一种习得的文化反应，而且在很大程度上，情绪是我们普遍与生俱来的。

神经科学家安东尼奥·达马西奥（Antonio Damasio）的研究进一步阐明了情绪、情感和思想之间的区别。根据达马西奥的躯体标记假设，情绪在人类有效的推理和决策中起着重要的作用。像大卫·查尔莫斯这样的哲学家支持定性体验的概念，认为它是一个基本概念，独立于我们的思想、情感和情绪。

在我使用的现象学模型中，一切都始于对世界的体验。情绪是我们的身体对我们的经历的一种自动的生理反应，达马西奥称之为原始自我（proto-self）。当我们紧张的时候，胃里会不舒服，当我们害怕的时候会起鸡皮疙瘩，这些都是我们对情绪的身体反应，我们无法有意识地控制这些反应。情感是我们感知情绪的方式。有情感就会产生达马西奥所说的核心意识。情感比情绪更复杂，因为它们取决于我们如何看待我们所处的情况。一个经验丰富的表演者可能会对紧张情绪产生喜悦和兴奋的反应，而一个怯场的人可能会尽可能地逃跑。通过将我们自己的心理解读添加到我们的情绪中，恐惧、愤怒、快乐、悲伤和厌恶这五种基本的情绪成为一个广泛的可能的情感领域。最后，我们的思想是我们试图从经历和情感中找出意义时在我们的头脑中建立的那些联系。

总之，这些思考表明，我们的生活是由体验组成的，我们会对这些体验做出情绪上的反应，我们把这种反应解读为情感，它会导向对生活的认知（见图3）。这并不是人类状况的全貌，只是对我们从认知科学、心理学、哲学和神经科学中了解到的东西的简化，来帮助我这个物理学家建立一个模型，让我知道有意义的巧合是如何在生活中出现的。

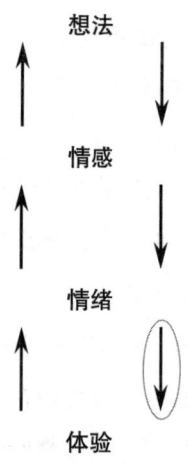

图3：我们是有体验的生物，我们对体验有情绪反应，我们将其解释为各种各样的情感，情感会触发试图理解世界的想法。反过来，我们有意识的想法可以影响我们的情感，这可以在一定程度上调节我们的情绪，（根据有意义的历史选择）影响我们的经历。

"情感"不仅仅是情绪的激烈表达，比如当我的配偶忘记在公共汽车站接我时，我感到愤怒，或者当我把一袋食品忘在商店时感到沮丧。情感在日常生活中无处不在，无论我们是否注意到它们。它们决定我们想去哪里吃饭，我们想看什么电影，或者我们更喜欢哪个商业演示。没有情感，我们可能无法做出决定。我们去中餐馆吃饭只是因为我们"喜欢"，而这是我们的情感告诉我们的。

在研究生院"随波逐流"

与我通常的做法相反，我决定按照学校推荐的顺序选修研究生课程。这意味着我报了一门我不感兴趣的课程，但我会把它解决掉。出乎意料的是，这个班只有四个人，这是一个低压力的学习环境。我最后喜欢上了这门课。第二年，这个班有二十个人，我上过这门课的朋友告诉我，这门课真的很糟糕。

但情感不仅仅是一个数据点，它还可以驱动我们。即使所有的外部数据都指向一个方向，我们的情感也会让我们选择另一个方向。你是否曾经因为被其他东西吸引而忽略了看似很好或很合理的东西？你是否曾经被完全不是你喜欢的类型的人所吸引？情感背后有一种理性所缺乏的力量。我们会因为被我们身体感受到的体验所吸引而做出特定的选择。

祖卡夫写道："每一个行动、思想和情感都是由一个意图驱动的，而这个意图作为一个会产生结果的原因而存在。如果我们参与了原因，我们就不可能不参与结果。以这种最深刻的方式，我们要对我们的每一个行动、思想和情感负责，也就是说，对我们的每一个意图负责。"如果我们把祖卡夫的"意图"和"预期的定性体验"

联系起来，他的话表明我们的行动内部包含了将我们推向特定可能性的思想和情感。

那么什么是"体验"呢？哲学家们所谓的感受质是指被认为是活着的原始体验。作为生物，我们不是正在体验，就是在寻求体验。想想哲学家大卫·查尔莫斯的问题："拥有某种体验是什么感觉？"更具体地说，开车是什么感觉？想象你自己坐在汽车的方向盘后面，在弯弯曲曲的道路上快速行驶，感受座椅的舒适或不适，调到你选择的电台，这些都是与特定的生活体验相关的。这些体验会引起情绪反应和情感反应，可能会使你渴望或恐惧这种体验。

但是，你永远无法直接把开车的体验传达给我。你只能让我想起我自己做过的类似的事情。你可以告诉我驾驶法拉利就像乘坐滑索或驾驶滑翔机飞越海洋，但你无法向我传达你驾驶汽车的真实体验。

感受质不能被充分描述和共享；它们只能由我们每个人以各自独特的方式进行体验。我们不是将我们感官收集到的数据打印出来的机器人。我们实际上有一种活着的体验。没有体验，情绪和情感就无从谈起。当我们有一种情感时，它对我们是很强大的，因为它最终与我们已经或将要经历的体验有关。

这就是有意义的历史选择的作用所在。我认为我们通过将某些情感与某些体验联系起来而影响事件。体验会导致情绪，然后是情感，然后是想法，而这个顺序可以颠倒过来（见图3）。当我们有与某些体验相关的情感时，我们正在"调谐"可能性之树上的那些体验。与驾驶一辆跑车相关的感受质可以表示为可能性之树上的一个或多个分权。我们的情感（我用它来概括思想、情感和情绪）不断地预测着我们喜欢或厌恶的定性体验。我们可能会对驾驶一辆跑车的体验产生内在的期待，这种期待如同把苹果放在了可能性之树上包括这些感受质的所有分权上，然后，有意义的历史选择会影响这些分权的可能性。

情感将体验拉向我们，就像雨水会流入大海一样。目前尚不清楚水会走哪条路，但它会适应地形，最终到达目的地。同样，有意义的经历也会像雨水一样，以这样或那样的方式，沿着山腰向我们涌来。我们可能无法预测哪些实际情况会发生，但我们可以指望它反映我们内在经验的本质。

我们的情感驱动着我们生活中的事件。

我们吸引来的每一种体验的确切形式是不可预测的，但世界可能会反映我们行动背后的情感。如果我们正在与吃甜点的诱惑斗争，或者在避免被某人的身体吸引，我们内心的一部分可能仍然在寻求一种我们将从"被禁止的"体验中获得的情感。吃蛋糕的感受质就像我们意识中的钩子。想象中的巧克力糖霜和蛋糕的松脆口感（弗洛伊德的"本我"）超越了任何特定的要对其加以控制的文明思想（弗洛伊德的"超我"思想）。它们是我们渴望品尝的生活原料——不是我们自身以外的数据，而是我们渴望拥有的内心体验，无论是否意识到。

然后，通过有意义的历史选择，这种象征性体验的吸引与可能性之树上的某些感受质相匹配。任何与这种情感相关的潜在情况都可能会出现，例如我们最终得到了一块蛋糕，或者我们意外地遇到了吸引我们的人，这些特殊的经历变得更有可能发生。我们有意识或无意识的情感引导着心流并相应地塑造我们的世界。

这似乎与达马西奥所谓的意图或"生命冲动"的观点相契合。他说："作为一种无脑无思的生物，变形虫不能像我们人类一样知道其生物体的意图。尽管如此，意图的形式是存在的，这表现在它设法保持内部环境的化学成分的平衡，而在它周围，在它的外部环境中，一切都可能失控。"他强调，这种生命冲动有一种普遍性，与我们人类所称的意识不同。他说，求生的冲动"不仅仅是人类所独有的，从简单到复杂，大多数生物都以某种方式表现出这种特性"。出于这种目的，我将图3中的组合的相互关系与我称为"预期的定性体验"的生命冲动联系起来。

那么可能性之树上的苹果是从哪里来的呢？它们悬挂在与我们正在拥有（或寻求拥有）的情感的定性本质相契合的树杈上。在这个模型中，苹果的大小似乎受到我们行为的情绪强度的影响，情绪越强，树杈上的苹果越大。

隐藏的情感很重要

如果情感驱动着我们生活中的事件，而情绪放大了这种驱动的强度，那么潜意识的或隐藏的情感会有什么影响呢？我们都有无意识的情绪和情感，它们的力量在表面之下仍未被驯服。帕特森（Patterson）和他的同事在汇报他们关于工作场所沟通的研究时表示："最不擅长对话的人受制于自己的情绪，而他们甚至没有意识到这一点。"隐藏的情感的力量可能会让我们的意识感到恐惧，因为我们本能地知道，那里有我们无法控制的东西。例如，当我们亲近的人去世时，我们的内心会产生一股无法控制的悲伤，它会完全迷惑我们的理性和意识。我们开始将自己的情感力量与原始的、未开化的、无法控制的冲动联系在一起。

作曲家兼励志演说家凯伦·德鲁克（Karen Drucker）讲述了这样一个故事：作为一个成年人，她站在超市的过道上，突然因母亲的去世而放声大哭。一名店员过来问她怎么了，德鲁克说自己没事，只是因为母亲去世而哭泣。店员说："哦，真遗憾，这是什么时候发生的？"德鲁克实事求是地回答说："十二年前。"

我发现，从更强烈的情感体验中——比如为所爱的人去世而悲伤——我们可以对日常生活中经历的那些小损失有很多的了解。当事情没有按照我们的意愿发展时，我们所感受到的失望或恐惧就像一个小规模的死亡。即使是一个小小的失望也可以代表我失去了一些我曾经拥有的小希望，我甚至没有注意到，但是我的情绪状态发生了变化。根据这个模型，我们更有可能遇到反映自己受挫或受伤情感的经历。

或许你可以放松一下

约翰·凯德（John Cade）是澳大利亚的一名精神病学家，他试图确定躁狂症患者兴奋和快乐的原因。为了验证他的假设，即这些情绪波动是血液中尿酸水平高的结果，他必须找到一种可溶解的尿酸，并在豚鼠身上进行测试。最容易溶解的是尿酸锂，它有让猪安静下来的意想不到的效果。在此过程中，凯德偶然发现了锂的治疗效果，现在锂被用作躁狂症和相关诊断的标准疗法。

我和丹娜、艾莉搬到一个新城市后的第一年，艾莉的学校举办了一个社区电影之夜。我和丹娜期待着有机会结交一些新朋友，因为自从搬家以来，我们一直在与孤独感作斗争。然而，不知何故，我们在学校和其他人谈话时，一个不愉快的话题出现了，我们突然觉得我们说错话了。我们是不是破坏了和这些人成为朋友的机会？我们潜在的内心感受是害怕和对社区里的人是否会喜欢我们这个问题的自我意识。这种潜在的叙述反映在我们面前的事件中：一个真正感受到自我意识的"机会"。我注意到，我们无意中陷入的不愉快对话并没有直接解决我们的问题。相反，它迫使我们直面自己的感受。

之后，我和丹娜谈论了这次经历，我们互相同情，比以前更坦诚地面对自己的感受。对我们夫妻俩来说，这次谈话都产生了一种治愈效果。两天后，我们参加了艾莉班上一个孩子的生日派对。这一次，我们都有这样的感受：我们觉得自己与学校里的孩子及其家长之间的联系更紧密了。丹娜甚至还和那些曾经与我们发生过不愉快对话的家长进一步沟通了，她发现他们能够克服这件事，并在这个过程中更好地了解了彼此。这一次，世界向我们反映了一种不同的情绪状态，这是一种因我们治愈性的对话而得到缓解的情绪状态。我们很感激这种改变。

世界总是对我们的整个情绪状态做出反应，而不仅仅是我们有意识地想要感受到的。如果我们有隐藏的情绪，它们会塑造我们的世界，因为共时性会与我们的情感保持契合，无论隐藏与否。识别隐藏的情感的最好方法是观察生活所带来的情况，然后诚实地审视我们的内在认识。这次经历给我们带来了什么有用的东西吗？这种情况是否会自然而然地反映出我们对某一问题的感受？这种感受一直在我们的生活中出现吗？这可能会让我们更加清楚地认识到世界对我们的意义，以及我们在其中可能扮演的角色。

中世纪学者和圣人大阿尔伯特（Albertus Magnus）也曾得出结论，指出情感似乎是共时性的一个来源。

人的灵魂中有一种改变事物的力量，它使其他事物服从于它，特别是当它被卷入了极度的爱或恨之类的感情中时。因此，当一个人的灵魂陷入过度的激情中时，它就会以它想要的方式束缚和改变事物。在很长一段时间里，我都不相信这一点，但我发现人类灵魂的情感是造成这一切的主要原因。

荣格对这段话的评论是："这篇文章清楚地表明，共时的事件被归因于情感或情绪。"根据我的经验，当我们不知道自己的感受时，情感就会成为我们的敌人。一种隐藏的情感会导致不幸的共时性。通过理清我们混乱的情感——我们对自然情绪的反应——我们可以更容易地追踪到共时性的潜流,我们的情绪更有可能赋予我们力量,而不是削弱我们。

相反,当我们被隐藏的情感所引导时,我们可能会觉得自己是环境的受害者。我们无法知道我们的选择如何塑造了环境,同样令人沮丧的事情不断发生在我们身上。这是为什么呢?因为在回应性的宇宙中,我们是事态发展的积极参与者。祖卡夫强调说:"因此,对我们来说,明智的做法是意识到影响我们体验的许多意图,弄清哪些意图产生哪些效果,然后根据我们希望产生的效果来选择我们的意图。"事情不是发生在我们身上,而是通过我们而发生。我们会与可能性之树上与我们的行动相契合的树杈产生联系。

这种观点对主流物理学来说并不陌生,尽管该领域对这一观点的解释与我不同。物理学家约翰·惠勒（John Wheeler）说:"从本质上说,物理世界的每一个事物都有一个非物质的来源和解释……简而言之,所有物理事物的起源都是信息论的,这是一个参与性的宇宙。"

物理学家仍在探索信息作为一个事物的奥秘,这是一个有时被重述为"万物源自比特"的命题。从将信息概念化为对我们"知识的精神状态"的毫无生气的描述,到将其概念化为对我们的存在品质的生动反映,这一步走得并不远。

因此,尽管生活中的琐碎细节似乎是随机的,但我认为,我们体验中的情况的总体趋势是协同一致的。生活由我们的情感精心安排。然而,是我们的行为决定了一切,因为我们的行为会向外部世界传播我们的情感。通过变得更有自觉,我们可以从情感那里夺回对自己行为的控制权。**当我们主动挖掘隐藏的情感时,我们就可以自由地选择那些塑造我们想要的世界的行动,有意义的事件就会被我们所吸引,就像雨水顺着山坡流向大海一样。**

第三章

进入心流状态

已经很晚了，我穿着泳衣，走向热水浴缸。这里是一个乡村休闲中心，我和团队一起，用了一个周末的时间设计了一个手机应用程序。一个朋友在院子中间拦住我，告诉我说热水浴缸上有"发生故障"的标记，这让我十分失望。一个完全陌生的人站在附近的黑暗中，他可能是与我们一起入住这家休闲中心的其他团体的客人。他无意中听到我们关于热水浴缸的谈话，于是邀请我加入他们的聚会。当时是他们的社交时间，他希望有更多人加入。这是一个意外的、不寻常的邀请，所以我很感兴趣。在决定这么做之前，我内心进行了一番讨论。我换掉游泳衣，去了交谊厅。

我和一些人围坐在一个松散的圈子里聊天，分享我对心流和共时性的研究，并自得其乐。聚会快要结束时，只有几个人还没有去睡觉，我和一个叫迈克尔的人聊了起来。据别人告诉我，他可以说是这个团体的元老。随着交流的深入，他开始对我的研究感兴趣，并告诉我他有物理学背景。他提到可能会邀请我为他所在的一个专业协会做一场讲座。最后，我们各自回到自己的小屋睡觉，我感到非常高兴，虽然没有能够泡热水澡，但是依然度过了一个非常有趣的夜晚。

一个月后，我的好友珍妮特突然从全美演讲家协会打电话给我。原来她和迈克尔都是一个专业顾问协会的董事会成员，他们需要一个人来代替下个月的会议发言人。那个星期的早些时候，迈克尔向她提到了我的名字，于是她问道："你也认识他吗？"这事就这样定了。

一个月后，我向他们的小组发表了演讲，这被证明是我职业道路上的一个重要事件。我建立了一些新的、有意义的业务联系，遇到了一位专业的设计师，他愿意帮助我改进幻灯片，我还捕捉到了自己的演讲的精彩片段。我怎么知道一个坏掉的热水浴缸会给我的职业生涯带来这些有价值的发展呢？事实上，我后来才知道热水浴缸其实已经修好了，"故障"的标志是不小心被留在原地的。

LORRAX 过程

我的关于热水浴缸的经历反映了一种我们可以培养的模式。贾沃斯基鼓励我们倾听正在展开的事物的本质，然后"创造我们内心深处感觉想要发生的梦想、愿景和故事"。

为了更清楚地了解这个过程，让我们将我的经历分成以下几个步骤：倾听（Listen）、开放（Open）、反思（Reflect）、释放（Release）、行动（Act）、重复（X Repeat），这些词语对应的英文首字母正好组成一个单词"LORRAX"（见图4）。这些步骤有助于快速做出自发的决定，比如我决定放弃坏掉的热水浴缸，并加入另一个团体的聚会。这个过程同样适用于长达几个月的长期决策。正如第一章所定义的，共时性是挑战偶然性的有意义的事件。这个过程可以增加我们注意到意外发生的共时性的可能。如果我们遵循这一过程，我们更有可能进入心流状态。

第三章　进入心流状态

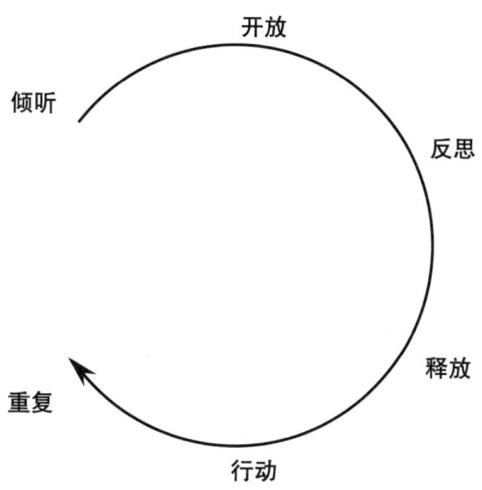

图 4：LORRAX 过程可以培养我们倾听世界的接受能力和采取行动的魄力，从而帮助我们进入心流状态。

这个过程从倾听开始。在关于热水浴缸坏掉的故事中，我站在寒风中（当时是 11 月），很失望地发现热水浴缸坏了。当一个陌生人提议我加入他们的聚会时，我的正常思维状态是忽略这一信息。这个人是谁？他们跟我有什么关系？我自然会认为他的话无关紧要而不予理会。**进入心流状态的第一步就是倾听这种意想不到的信息。** 有用的指导可能来自各种各样的地方，不仅可以来自权威（比如休闲活动的组织者告诉我们官方的社交日程），也可以来自最不起眼的地方（比如其他团体的成员邀请我加入他们）。为了能够抓住共时性并进入心流状态，我们必须能够注意到意想不到的机会。

但就其本质而言，有用的信息往往与现状相冲突。如果我们只倾听符合我们期望的信息，我们就不会学到任何新东西。因此，**为了抓住一个意想不到的机会，我们可能需要开放思想，接受这个信息**。如果我们有无法消化新事实的自动反应，仅倾听是不够的。当我收到邀请时，我穿着泳装，拿着毛巾站在寒风中。换回衣服去参加社交活动的想法与我原本期望的放松体验完全不同。我本来想回到我的房间，静静地读一本书。但我还是决定保持开放的心态，对自己说，也许吧。所以，当我站在寒冷的院子里时，我已经完成了这个过程中的两步：我听取了邀请，并对可能性持开放的心态。

接下来的步骤是对情况进行反思并释放预期。我在换衣服时依然没有拿定主意。我想到，在我的工作中，建立人脉的任务变得多么紧迫。我从过去的经验中知道，每一次与别人谈论我的工作的机会都是有用的，因为我可以练习解释自己的研究，有时这种谈论甚至会带来更多的机会。我也反思了这种情况的荒诞性。为什么偏偏那天晚上热水浴缸坏了？为什么那个人直接对着我而不是和我在一起的另一个人说呢？这仿佛是一个圈套。我怎么能不去看看怎么回事呢？通过思考这些因素，我更加清楚地认识到，抓住机会是个好主意。

然而，我也对自己本来想做的事有一种执念。我还没从热水浴缸坏掉的失望中恢复过来，我只是想放松一下。为了以一种开放的心态来思考这种情况，我必须放下我对自己想做的事情的执念。虽然我确实想在房间里安静地放松，但我更想建立可以推动我的工作的新联系。为了追求这种可能性，我必须放弃短暂的寻求舒适的愿望，顺其自然。

最终，我做好了行动准备。我穿上夹克，去了交谊厅。在如今的商业环境中，作为一个行动主义者是很有价值的，但是如果没有前三个步骤来指导我们的行动，我们很可能会错过实现共时性的机会。前三个步骤让我们更清楚地看到眼前的机会是什么，以及可以做些什么来加强它。这使我们的行动选择更加有效。如果不与世界保持契合，我们就是在把自己的意志强加给世界，而且很可能在这个过程中引发问题。LORRAX 过程的目的是使我们在决策过程中保持积极主动和顺其自然之间的平衡，我认为这就是女性特征和男性特征或者说阴和阳之间的平衡。这是一个与世界共舞的过程，同时我们也使世界与我们达成契合。我们不能只是倾听，也不能只是行动，两者缺一不可。

LORRAX 中的 X 提醒我们，**生命就是这些步骤的无穷循环**。我们总是处于循环中的某个位置。在任何时候，我们都可能面临令人惊讶或失望的信息，例如在黑暗的院子里随机发出的邀请。安·麦克马斯特（Ann McMaster）把这些震撼我们的特定时刻称为"生命震撼"（life shocks）。生命震撼可能是某个同事不经意间的一句话惹到我们了，可能是得知公司正在经历重大的组织变革，可能是我们的配偶在我们和朋友定期聚会的晚上说他们需要我们照看孩子，也可能是我们的孩子告诉我们他们今天在学校被戏弄了。诸如此类的生命震撼能让我们在不知不觉中脱离情绪中心。半小时后，我们会发现自己在纳闷为什么我们会突然陷入恐慌。

通过倾听、开放、反思、释放、行动和一遍又一遍的重复，我最终见到了迈克尔，并在几个月后应邀做了演讲。这样的生命震撼经常会以障碍的形式出现，比如坏了的热水浴缸。正确看待障碍，并遵循 LORRAX 过程可以帮助我们进入心流状态。从倾听到开放、到反思、再到行动的转换可能发生在一分钟、一小时、一天、一周、一个月甚至更长时间里。我们可能会在一天内因为一些小问题而经历很多次这个过程，我们也可能会遇到这样的情况，即这个周期在很多年之后才会展开。

宇宙是有反应的，我们也可以有反应。在过去的模式中，我们的商界或政界领袖往往固执己见，因此，他们的行动往往跟不上形势的发展。当我们莽撞地冲过障碍或固执地坚持己见，就有可能会在此过程中造成意想不到的伤害。心流允许我们以一种与每个人都有最大协同作用的方式来克服障碍。

不是"随波逐流"那么简单

我相信我们是流动的生物。我们每个人都有一种独特的自然的心流状态。在聚会上，我们可能会全神贯注于一段谈话，希望其他人都消失，或者当一个人去续杯时，我们可能会自然地以为谈话结束了。在工作中，我们可能会在一段时间内完全投入到一项任务中，然后自然地感觉到任务已经完成，开始别的事情。

然而，共时性的心流状态并不意味着我们可以随心所欲。处于心流状态并不总是意味着"随波逐流"。与共时性保持契合并不是一种被动的实践。塑造我们的世界往往需要点燃火花。一个有利的环境——可能性之树上一根有许多果实的分杈——可能是可以获得的，但这可能取决于承担某种风险或改变现状。**心流教我们如何倾听并与世界保持契合，但有时我们必须要与一种情况对抗才能与另一种情况保持契合。通过培养和信任我们的内在感觉或直觉，我们可以变得更加善于分辨。**

对于患有肺结核的小男孩斯蒂芬来说，为了避免在第二次世界大战爆发之前回到纳粹德国，他不得不反抗他的母亲，而他的母亲并不认为这是一个严重的威胁。希特勒对布拉格的入侵清楚地表明，斯蒂芬与世界上正在发生的更大的变化是契合的。在我的家庭装修项目中，我最初的做法是顺其自然，并信任承包商来处理一切。当他犯错时，我的反应是尽可能多地控制，试图强迫一切。这两种方法都导致了更深的危机。我终于学会了如何在不随波逐流的情况下进入心流状态。当我看到发表演讲和改进现状的机会时，这就像点燃了一颗小小的火花。如果我的感知是正确的，那么这个火花就会变成熊熊大火。在家庭装修事件中，我可以后退一步，选择可能性之树上任何一个代表问题已经解决的苹果。在浴缸坏掉这件事情上，热水浴缸出问题是一个障碍，完全扰乱了原来的计划，但它让我有了一个不同的计划，并建立了一个重要的、新的业务联系。

　　心流有时意味着放弃对特定路径的执念，有时意味着需要克服阻力，坚持在特定的道路上。**心流是坚持和自发性之间的中间路径。在心流状态中，我们牢记我们的最高目标，然后本能会帮助我们以最有效的方式解释世界。我们怎么知道什么时候该坚持，什么时候该顺其自然呢？心流教我们在为热爱的事业而奋斗的同时，也要"相信生命事件的流变"。**我发现保持一个清晰的底线很有帮助。对我来说什么是最重要的？我最想要的"苹果"是什么？在浴缸坏掉这件事上，我知道我的底线是渴望有机会建立关系网，练习公开演讲。因为我一直在努力寻找这种可能性，所以我一直在关注这种出人意料的机会。当我去泡热水澡的计划泡汤时，我深感失望，很想直接回到自己的房间，但是我想起了自己的底线，觉得不妨遵循命运的指导，看看什么样的可能性在等待着我。了解我们的核心价值和目标可以帮助我们在意想不到的情况下自发地做出反应，并带来有意义的结果。

试试看吧

　　一天晚上下班后，我去取车，却发现当天早些时候我把钥匙忘在办公室了。因为我离开时有同事在办公室，所以我一直没有必要用钥匙。我以为办公室已经被锁上了，在一阵绝望之后，我意识到最好回到办公室看看，说不定还有其他办法。当我走到关着的办公室门口时，我试着开了一下门，把手竟然转动了。原来同一个办公室的同事几小时前忘记锁门了，而这正好帮了我的忙。（本故事由劳拉·维勒基亚提供。）

如果我们工作到很晚是因为压力大，并且想给别人留下好印象，而与此同时，我们牺牲了自己的人际关系，积累了怨恨，那么我们可能就没有进入心流状态。但如果我们熬夜工作是因为我们对自己的项目感兴趣，想要完成它，那我们可能就处于一种心流状态。进入心流状态有时需要牺牲个人时间和睡眠、需要努力工作，有时需要悠闲、放松和随缘。有时，建造我们喜欢的东西需要把一块大石头推到山上，有时则需要让它滚下山，停到哪里算哪里。就像一场激烈的网球比赛一样，非凡的努力也可以成为心流的一部分。你是怎么知道的？我们之所以能够做出判断，是因为我们在做某件事情的时候的感受。如果我们清楚地知道所做事情的目的，我们在任何活动中都会自然进入心流状态。

在一个高度结构化的情况下，例如使用心流来实现季度财务目标并保住工作，这似乎具有挑战性，因为错误会产生严重的后果。在弗雷德里克·莱卢（Frederik Laloux）的《重塑组织》（*Reinventing Organizations*）一书中，他向我们展示了许多自主管理的组织是如何将这种态度融入他们的工作流程的。建立在等级决策基础上的组织通常没有太多心流的空间。当你的经理走到你面前说"我需要你马上完成这件事"，你就没有倾听、开放或反思的空间；你只要按别人说的去做就行了。但莱卢研究的组织以一种不同的方式运作：它们是自主管理的。这个组织更像是一个有机体，而不是一群个人。多种不同的流程被设立，以确保决策权分布在整个组织中，每个人都有动力为高质量的结果承担责任。

例如，这个组织的任何成员都可以做任何决定，但他们必须使用所谓的"建议流程"。在这个过程中，决策者必须从所有将受到决策影响的利益相关者那里获得信息或建议，然后认真考虑这些建议。然后，他们被授权根据所收集的信息做出任何他们认为合适的决策。做出正确决策的压力来自每个成员对团队的责任感。当每个

第三章 进入心流状态

成员都得到信任和尊重时，团队内部的凝聚力就会增强，这就可以为问责制提供支持。

这种方法培养了心流，因为每个人都被授权去遵循他们认为的当时最好的行动方案，被鼓励相信自己。莱卢发现，要想让这种心态发挥作用，重要的是要全面实施这种方法，而不是只在口头上遵循相互信任的理念。**当人们真正知道他们受到了信任后，他们就会有一种主人翁的感觉，并会为了共同的事业付出一切。更强的心流体验可以产生协同作用和动力。**

莱卢研究的组织之一是一家发电公司。显然，公共事业公司需要严格的控制标准，以确保安全和可靠，但他们可以在自主管理的模式下做到这一点。公司其中一名团队成员来自巴基斯坦，他的想法是公司应该在他的祖国建一座发电站。首席执行官觉得这样的投资有风险，对此持怀疑态度，但建议流程意味着决定权是这位员工的。在走完建议流程之后，这位团队成员决定付诸行动。他拥有所有必要的资源来实现这样的愿景，并且他能够招募足够多的同事加入项目中来，使项目得以启动。

让他人接受一个想法的能力（或无力）是心流状态中存在的一种自然的制衡。点燃火花意味着要看到隐藏的潜力，并将其激活。如果火花没能变成熊熊燃烧的大火，如果一个人的队友都看不到这个想法的价值，这可能表明这个行动不在心流之中。在今天的等级制度中，一个人的声音有力量让其他人都保持沉默，这种自然的制衡体系根本没有机会出现。没有心流，我们只能依靠服从来完成任务。当我们期待人们服从时，我们并没有赢得他们的热情，他们最有价值的才能也无法发挥。

艾伦·库姆斯和马克·霍兰德从神话中作乱精灵的角度来认识共时性，他们警告说，对来自生活的共时性指引保持警惕，"并不意味着我们应该完全接受巧合，把降临在我们身上的每一个偶然事件视为神的引导。这样做确实是愚蠢的，因为我们的恩人毕竟是一个喜欢恶作剧的人，他最喜欢让我们做傻事。因此，保持敏感和警惕比盲目的服从更加重要"。

心流不是一种无结构的、放任的态度。它是努力和随缘之间的一种动态平衡，一种可以通过特定的组织结构促进的信息民主化。

健康的关系有利于心流状态

任何一种关系都可能会是艰难的。我们人类有一种对安全感的深层需求，而人际关系方面可能是我们最缺乏安全感的地方，无论是在工作中还是在家里。自我保护的本能并不总是让我们走向更好的关系。我经常被那些让我觉得安全的人吸引，我也会选择和这些人在一起时感觉安全的行动。但感觉可能是限制性的、误导的，有时甚至是自我破坏的。选择安全的行动或安全的关系会让我们错过成长或成功的重要机会。当我们感到不安全或被忽视时，不要把自己封闭起来，也不要放弃，这可能正是冒险的时候，要对我们的脆弱性充满信心，并真诚地表现自己。

心流在我们的亲密关系中很有用。它让我们不执着于特定的结果，因为我们相信有很多方法可以从可能性之树上得到我们需要的东西。这种不执着的心态可以通过培养健康的相互依赖来加强我们的亲密关系。当我们被心流所引导时，我们就会允许我们所爱的人做他们真实的自己。贾沃斯基认为："一旦我们将关系视为宇宙的组织原则，我们就开始接受彼此的正当性。"

最近，我和丹娜一直想让8岁的艾莉多做些家务。最难的部分是，我们似乎需要不断提醒她，她才能完成工作。紧张的气氛和争论是常见的。在这种情况下，心流帮助我们成为更有效的父母。我们对这种情况感到压力，因为当艾莉花很长时间完成家务时，我们就无法完成我们的。因此，晚餐可能会推迟，这就耽误了艾莉的就寝时间，然后我们就没有时间在睡觉前关注自己的生活了。对于为人父母者来说，这种情况是不是很熟悉？为了避免这种情况的出现，我们开始执着于事情完全按照我们的意愿发展，而最终我们需要艾莉以一种非常具体的方式来完成她的任务。她觉得我们太专横了，于是就发起了抵制。

通过对 LORRAX 过程的应用，我们找到了一种新的家庭和谐。在倾听的过程中，我们注意到我们都陷入了一场没有改善的拉锯战中，我和丹娜因为维持家庭运转所需的大量工作而疲惫不堪。我们认识到，目前的方法可能行不通，我们没有完全了解情况。也许我们太专横了！经过反思，我们意识到艾莉觉得她无法选择她的日程，我们也觉得自己无法让她做出回应。我们放下了对一起吃饭和就寝时间的执念，然后我们采取了行动：我们开始让艾莉洗碗，这比她以前做过的任何家务都要繁重，但是我们给了她完全的自主权。厨房的门一关，放着她最喜欢的音乐，她想洗多久就洗多久。

我们从中得到了什么呢？首先，不用洗碗了。而且除此之外，我们试图通过控制来养育孩子时所感受到的压力也消失了。丹娜定了个规矩，她在晚上 9∶15 以后就不跟艾莉说话了，这样她就可以保证自己的休息时间，即使艾莉没有遵守适当的就寝时间。在确保自己得到了想要的东西的同时，我们也给了她一直渴望的自主权。我们在家庭中培养了更多的心流，不是通过放弃我们想要的东西，而是通过放弃对得到我们想要的东西的担忧。最后，我们通常会一起吃晚饭，艾莉通常会穿着干净的睡衣，她的就寝时间也相当稳定。我们放弃了控制，并不意味着我们没有得到我们想要的，它只是以一种更自然的方式出现，每个人都感受到了充分的自主和尊重。

父女关系中的这种心流状态让我把我的需求从她的需求中解脱出来，在良好的相互依赖中生活。有一天晚上，熄灯三十分钟后，艾莉在黑暗中喊道："我忘了做运动了。现在可以做吗？"我直觉的回答是："不！去睡觉吧！"但我接受了这个事实——即她的要求可能会带来一些好处。经过思考，我意识到做运动是一个很好的习惯，实际上可能会让她更快地入睡。我放下了对就寝时间的执念，告诉她，她可以做完练习，然后直接上床睡觉，那天晚上我不想再听到她的消息。当我半小时后去看她时，她已经把毯子拉到地板上，在做了俯卧撑之后就在原地睡着了！这是一个可爱的时刻，如果我们没有一起进入心流状态，这就不会发生。

心流状态中摆脱执念的心态可以帮助我们更好地面对意料之外的事件。 如果说有什么地方会出现意想不到的事情，那就是亲密关系。当我能从情绪的漩涡中解脱出来，并优雅地驾驭它时，我的婚姻会更好。你是否曾与配偶或伴侣在如何挤出时间满足彼此的需求上产生过分歧？在我和丹娜的婚姻关系中，有时我们的女儿、朋友和家人的需求会让我们很难表达我们自己需要什么。

想象一下这样的场景：这是我们女儿暑假的第一周。上周我们一起度过了一个短暂的假期，现在我和丹娜正努力维持我们的职业生涯。小孩子整天在家意味着不可避免的干扰。此外，我们家有几个新出生的堂兄妹，他们的家庭需要我们的支持，我弟弟还想在去度假前给他的狗找一个保姆。我和丹娜发现，在处理所有这些要求的同时，我们还要应对自己的工作压力。

雪上加霜的是，六个月前，我给艾莉买了一个大蹦床作为节日礼物，希望能让我们新租的房子更有家的感觉。遗憾的是，直到我把它组装好，才意识到我们可能无法保留它。在我们翻出租房合同并阅读了细则后，我的担心得到了证实。所以我只好把蹦床拆了，把它放在车库里。这一天，我们的朋友苏珊打电话说她想要这个蹦床，可以开车到约定的地点去取，我很高兴为它找到了一个合适的去处，然而所有的需求从四面八方涌向我们，看起来很可能我和丹娜都无法完成任何工作。我感到越来越沮丧，当我告诉丹娜我觉得我们真的需要对一些事情说"不"时，我的情绪就爆发了。她也很生气，同时也很沮丧，不仅仅因为我发脾气了，还因为她也没有完成她应该做的事情。

LORRAX过程再次发挥了作用。虽然我知道为了去见苏珊而把蹦床装进车里肯定是在浪费时间，但我们还是尽可能地倾听对方的声音。然后我开始思考蹦床是否能装进去。令我惊喜的是，正好能装进去。经过反思，我意识到这个意想不到的重新定向让我们有机会同时满足多种需求，我同意和苏珊在我父母家附近的交接点见面。我放下了对自己能完成多少专业工作的期望，并按照计划行事。结果，不到两个小时，我就解决了所有需要解决的问题，我在父母家安静地完成了我的工作，而艾莉则和她的祖父母一起玩耍。

不是每个人都有这样的资源可以利用。我并不认为去父母家是解决保姆问题的最好办法，尽管利用这个办法的人可能有很多。关键是利用LORRAX过程，并允许自己与情况保持契合，注意到对这种情况的抵制。我意识到我对丹娜的防御性，同时又保持开放和反思的心态，我们找到了一个每个人都能得到所需的解决方案。看到周围的共时性的价值在于，即使当情况似乎对我们不利时，我们也能通过生活在心流中找到改善我们处境的方法。

发生的每件事都是心流的一部分，不管是我们的朋友、伴侣还是孩子与我们的争吵。将我们与他人的互动视为生活事件的一部分，可以帮助我们培养充满活力的、包容的亲密关系。

利用心流寻找朋友

对于我们中的一些人来说，人际关系和心流还有另一个更不舒服的方面。心流不仅引导我们在已有的关系中更加乐于接纳，还会引导我们更乐于接纳新的关系。如果我们注意共时性，我们永远不知道自己会遇见谁。在飞机上坐在我们旁边的那个人，在候场室和我们试镜同一个角色的那个人，老板让我们合作的另一个部门的同事，如果我们注意到这些联系并采取行动，会产生什么样的积极体验呢？

如果我没有努力与心流保持契合，我的一个好朋友就不会成为我的朋友。卡尔是一个团队的工程师，我是这个团队的项目经理。一开始，我对卡尔有负面的偏见，因为他让我想起了另一个曾经和我一起工作的人，那个人喜欢为自己树立硬汉的人设。他经常在我们的团队中表现得像个恶霸，我不希望重复这种经历。因此，在我们第一次的视频通话中，我对卡尔的肢体语言和表情的反应立即下了结论。他没说什么，双臂交叉着，脸上有一种难以捉摸的表情。而且，他的资历无可挑剔，所以他触发了我自己的不安感。我想象着未来他会质疑我的能力和权威，而我将永远无法在团队中取得进展。

我意识到了这种情况，于是提醒自己实践 LORRAX 过程，倾听，开放，反思，释放，然后行动，一个转变逐渐发生了。这不是一个一次性的事件，而是一个渐进式的转变过程。例如，在第一个电话结束时，我以为卡尔会闷闷不乐、无动于衷，但是他说他真的对这个项目很感兴趣，并期待与我们所有人一起合作，这让我很惊讶。这一评论很容易被忽略或置之不理，但是我倾听并接受了这样一种可能，即我之前的认识可能是错误的。然后我思考了他在电话中说的话，从而判断他是否真的是一个和蔼可亲的人。当我意识到，我至少有足够的证据证明他是可爱的，就像我有得出相反结论的证据一样，我放弃了对我之前结论的执念，并试图获得一种初识者的心态。我的行动只是继续在我们的下一个电话中对他做出"无罪推定"，并再次遵循 LORRAX 这个循环。

在接下来的几次会面中，我继续以开放的心态听取他的意见，我们从消极的低谷中走了出来，建立了牢固的友谊。我们最终了解到我们有很多共同的兴趣和价值观，卡尔和他的家人也成了我和我的家人的亲密朋友。

我原本以为卡尔和我会相处得不好，但心流让我们在项目上走到了一起，我能够在这种情况下找到隐藏的"宝石"，并以不同于我预期的方式塑造我的世界。对我们已经认识和信任的人开放和真诚可能相对容易，但要对我们不认识的人做到这一点就很难了。生活在心流和共时性中可以引导我们建立新的联系，我们最终会珍惜这些联系。也许我们可以从一个我们没有想过要寻求帮助的人那里得到帮助，也许只是因为我们之前有点害怕向他们寻求帮助。通过选择进入心流状态，我们可以找到重要的新联系，否则我们可能会错过这些联系。

我们对已有关系的依恋是如此自然，以至于我们几乎不会去注意。体育心理学家所说的"团队认同"对社会健康有很多好处，但它也有局限性。在莱卢所说的"琥珀色"发展阶段，文明的发端使我们的生存基本依赖于社会认同，杰里米·伦特（Jeremy Lent）在《模式本能》（*The Patterning Instinct*）一书中也记录了这一趋势。现代文明依赖于我们成为团队一员的普遍愿望。这一需求至今仍存在，无论我们谈论的是我们的政治团体、体育团体，还是我们与部门的工作关系。其作用可能是良性的，也可能是有毒的。参加有组织的体育运动可以提供一种归属感，从而增进个人的幸福，有助于防止自杀，但它也可能与欺凌和种族主义有关。这也可以在政治中看到。认同"舒适"的关系有好处,但它也让我们受限于我们已经知道或相信的东西。

心流的物理学提出了一种新的关系范式。当我需要解决问题或寻求有意义的体验时,我可以依赖心流,而不是仅仅依赖已有的关系。通过 LORRAX 过程,可能会出现意想不到的事件,引导我建立有意义的联系。

寻找论文导师

当我开始我的研究生课程时,系里没有一个人从事我感兴趣的研究领域。到了第二个学期,我被分配到一个新老师的班级,他的研究看起来很有趣。第一天,我到办公室去了解上课教室的情况,我抬头一看,正好看到他从里面出来。我追上去,向他做了自我介绍,得知他也迷路了,于是我们一起找到了教室。我是他认识的第一个学生,也是他第一年招收的两个学生之一。

虽然当我需要打破自己的舒适区时,我可能会感到忐忑不安,但意外的匹配可能会带来丰富的新想法。例如,当我在写作本书中讨论种族主义问题的内容时(你将在第五章"随心而活"中读到),我想要得到一些反馈,看看自己对这个话题的处理是否足够安全。我把文章发给了一个我信任的朋友,也发给了另外两个我不太熟悉的人,因为我觉得他们可能对这个话题有有用的看法。结果,那个朋友两周都没有回复我,而且因为太忙而没有时间帮我。但与此同时,我从另外两个人那里得到了非常有帮助的反馈,在这个过程中,我们建立了融洽的关系。

使用心流,我们可以流畅地驾驭各种不同的关系,每一种关系都以独特的方式为我们服务。当我们处于心流状态时，家庭等传统结构的重要性不会减弱。我并不是想贬低亲密关系的重要性，或者建议你漫不经心地对待人类亲密关系。相反，**我们认识到我们与遇到的任何人的共性，扩大我们的意识，从生活中的每一个联系中学习有用的东西。我们认识到，在一个回应性的宇宙中，任何人都可以给我们带来新的机会或视角。**

和一个不同肤色的人交谈真的有风险吗？坐在我对面的女士或男士，因为他们比我年长或年轻得多，或者是因为他们的穿着与我不同，我们就没有任何共同之处了吗？相反，可以怀疑我们之间是否有一些隐藏的共性。可能会有我们意想不到的相似之处。毫无疑问，在可能性之树的一些树杈上，我们可以一起做一些伟大的事情。如果我们想要塑造我们的世界，找到那些分杈，可能就不得不承担去搭建连接的风险。

我们怎样才能发现这些隐藏的联系呢？我们可以在心流的引导下开始一场随意的对话，谈论任何很自然的话题。然后我们可以遵循 LORRAX 过程，仔细倾听任何感兴趣的线索。我们的成长过程可能鼓励我们形成关于合作对象的表面判断，心流可以让我们通过发展一种新的信任感来逐渐消除这些判断。我们不应该相信每一个人和每件事，但我们可以进入心流状态，看看谁会出现。

组织中的心流

将更多的共时性和心流融入我们的个人生活是一回事。这可以在相对私密的情况下进行，不会对其他人造成太大影响。但如果我们能把这种心态也带入我们的职业生活中呢？我认为这种影响是变革性的。

在我任职于一家软件公司期间，我在公司领导层的换届期间被提升为软件项目协调员。这一转变对我们的团队来说可能是一段积极的经历，但同时也是一段充满不确定性的时期。因为我现在处于领导地位，我正在寻找一个经验或项目，以帮助团队建立新的联系。在兴奋状态下，我的思想、情绪和情感都集中于一种强烈的愿望，那就是让这种情况有好的结果。我很自然地期待一些可以帮助我和团队完成这次转变的体验。

不到两周，一个难得的机会出现了。销售副总裁带着一个不同寻常的项目来找我，问我的团队是否愿意承担这个项目。项目包括在两周的窗口期内为新客户启动一个小型网站，而不是通常的十二周或更长时间的启动周期。这个客户来头很大，部门里的每个人都能认出来。对于我们这个小团队来说，这就像遇见了一个摇滚明星。也许这个机会能帮助我们团结起来。

我被选中担任领导职务，部分原因是我倾向于实事求是地看待能够实现的目标，所以我的第一反应是拒绝。但在LORRAX过程应用的情况下，我决定更仔细地考虑，并接过这个项目。在讨论过程中，我们意识到项目可以在没有任何定制的情况下启动，这样，整个两周的时间就可以用来配置和测试了。团队带着集体的紧迫感投入到项目中，当项目按时交付时，奖金不仅会发放给直接参与项目的人，还会发放给整个部门。我们现在有了团队团结的经历。这一难得的机会与我们团队的需求非常契合，这似乎是一个有意义的巧合。通过遵循LORRAX过程，我能够驾驭我的领导角色，并塑造最好的情况。

总的来说，我们一生的工作都是在这样或那样的组织中进行的。组织是理论接受实践检验的地方，我们的想法要么成功，要么失败，这取决于它们与他人的想法的协同作用。我们可能是教育工作者、平面设计师、治安官、律师、作家或家庭主妇，但无论如何，我们与他人的互动是我们最终在这个世界上留下印记的方式。围绕如何将心流和共时性融入工作场所，人们已经做了许多研究。我将讨论心流生活影响我们做生意和经营职业生活的三种方式。

共时性和心流能够在工作中对我们产生积极影响的第一种方式是帮助我们驾驭控制问题。第一章中契克森米哈赖关于心流与控制之间关系的理论在这里也非常适用。心流不在于更多的控制或放弃控制，而是在于"缺乏对失去控制的担忧"。

在《复杂时代的简单习惯》（*Simple Habits for Complex Times*）一书中，贝格（Berger）和约翰斯顿（Johnston）提供了应对我们日益复杂的工作环境的方法。他们认为，当今市场中无数的变数和快速变化使竞争环境从根本上不可预测和不可控制。因此，作者阐明了一种称为"成人发展"（adult development）的组织发展方法，它将复杂组织内部的变革管理概念化为一个有指导的演进过程。由于业务决策是如此相互交织和依赖于环境，每个人都对决策有一定程度的控制。必须允许偏差和变化，这样，系统才能跟上复杂情况的变化。

同样，根据莱卢的说法，在自主管理的组织中，每个人都负有责任，因为没有固定的职位，每个人都是利益相关者。正如在正式的"建议过程"中所证明的那样，这种分布式的权力结构也嵌入自主管理组织的其他地方，这意味着每个人都必须能够自如地处理意想不到的输入。通常情况下，在某个问题上收到的信息会带来个人尚未考虑到的潜在担忧，LORRAX过程（或类似的东西）有助于将意想不到的反馈转化为有效的行动。

正是她想见的人！

有一次我和家人一起参加夏令营，我和夏令营负责人就共时性问题进行了长时间的讨论。她已经为第二天安排了一个战略规划开放日，这样她就可以征求周末在场的成年人的意见。她以前从未尝试过。就在会议开始前不久，一辆汽车驶进了营地，车上载着四名经常为营地捐款的慈善家，他们住在离营地最近的城市，有两个多小时的路程。他们去山里参加了一个婚礼，在回家的路上碰巧经过这里，于是他们突发奇想，决定来营地看看。他们不知不觉地正好赶上参加战略规划会议。

在组织中实现共时性和心流的第二种方法是通过沟通风格和习惯。职场上的一些趋势表明，如今的员工感到更有力量，更专注于工作。虽然对未来养老金的承诺以及由此带来的经济保障变得不那么常见了，但员工们发现自己更热衷于寻找工作的意义和目的。他们希望自己的工作体验是积极的、真实的。

在《关键对话》（*Crucial Conversations*）一书中，作者强调了通过"共享语义库"（Pool of Shared Meaning）在对话中创造安全感的重要性。当有人在谈话中感到不安全时，你可以通过倾听来营造安全感。通过开放和反思，人们可以走出对话的内容，重新建立信任。从心流的角度来看，对话过程中可能会自然而然地出现一些线索，无论是通过不经意的评论、肢体语言还是其他形式的行为，这些线索可以帮助人们知道是否需要重建信任以及如何重建信任。心流体验可以帮助我们在工作中进行更有意义、更真实的对话，而不仅仅是满足于坚持到会议结束。

在《非暴力沟通》（*Nonviolent Communication*）一书中，马歇尔·卢森堡（Marshall Rosenberg）强调了在对话中真实倾听和将对方的需求反馈给他们的重要性，因为只有这样才能确保我们理解他们所说的。通过试图理解他人的真实需求，我们可以激发人类的同理心，鼓励健康的相互依赖，就像我们在心流状态中所做的那样。

通过改变与控制和沟通的关系，我们可以开发出在组织中运用共时性和心流的新方法。如果执行了依赖于共时性和心流的结构和方法，我们就可以更加灵活，并对今天的各种变化做出反应。

这些方法有哪些呢？圣吉（Senge）和同事所描述的U形理论鼓励我们去观察、感知、放得下、拿得起、结晶意向、形成原型和运行。这是遵循共时性和心流指导的另一种方法，类似于LORRAX过程。他们指出，通过改变我们看待世界的方式、理解关系的方式和做出承诺的方式，我们可以更好地与组织保持契合。

在《共时性：领导力的内在路径》(Synchronicity: The Inner Path of Leadership)和《来源：知识创造的内在路径》(Source: The Inner Path of Knowledge Creation)这两本书中，贾沃斯基鼓励我们将注意力集中到我们影响最强烈的特殊时刻。他说："真正的领导力是创造一个场域，让我们不断学习，并变得更有能力参与我们正在展开的未来。因此，一个真正的领导者会创造出一个舞台，在这个舞台上，本质上是同步的、可以预测的奇迹能够而且确实会发生。"他所说的就是由夏莫（Scharmer）和同事开发的U形创新过程的底部点，在这里，信息可能会来自不可预测的、有时无法追踪的来源。我们甚至可能没有意识到我们的关键想法来自哪里，它们可能是在跑步机上慢跑或在机场无意中听到电视广告时产生的。U形图底部的活板门提醒我们要寻找并重视这些意想不到的信息来源。他接着说："领导力就是日复一日地创造一个场域，在这个场域里，我们和我们周围的人不断加深对现实的理解，并能够参与对未来的塑造。"

贝格和约翰斯顿描述了一种名为"安全失败实验"(safe-to-fail experiments)的方法，有意为意外创造空间。在这种创新方法中，一个团队被允许进行一个实验项目，这个项目中清晰地定义了护栏宽度——在没有人试图修复或控制的情况下偏离轨道的程度。护栏故意留得很宽，这样，人们就可以自由地探索。安全失败实验为创新创造了一种结构，因为它为意外事件（我称之为共时性）的出现提供了预先定义的空间。

《关键对话》一书的作者提供了另一种在工作互动中保持"心流"状态的方法。这些方法可以让你注意到由于失去相互信任而导致对话失去成效的情况。人们可能会通过身体状态（比如舌头打结、眼睛干涩或胃部紧绷）或者通过情绪状态（比如恐惧、焦虑或愤怒）注意到受威胁的迹象。一旦发现这些迹象，作者提供了在继续对话之前重建信任的三个方法。一个方法是在适当的时候道歉，例如，可以这样说："我意识到我的方案中忘记考虑你的意见了，非常抱歉。"另一个选择是做一个对比的陈述，以确保其他人知道你是出于保护他们的最大利益，比如，你可以说："我确实觉得你总体上做得很好，我并不是要破坏你做决定的信心。为了推进项目，下一步我们需要……"最后，他们建议确定或创造一个共同的目标，例如，可以说："我们都一致认为最终产品的质量至关重要，但我们在如何实现这一点上有不同的意见。那就让我们从这里开始吧。"

这个过程与心流非常契合，因为它告诉我们，必须意识到房间里的"氛围"并做出反应，而不是旁若无人地继续我们的议程。这种情况所要求的可能并不完全是我们所想的，但通过进入心流状态并注意到有用的指标，我们可能会找到一种方法来完成我们的议程，同时确保其他人在这个过程中也感受到尊重。

在他题为《共时性和领导力》的博士论文中，菲利普·梅里阐述了一种将共时性纳入商业决策的方法。从手边的一个问题或需求开始，我们被鼓励去观察那些符合我们项目意义的事件，然后用适当的行动来回应。我们关注从第一次行动中获得的答案或结果，这可能会导致一个小惊喜，一种世界与我们相契合的感觉。如果重复这个过程，我们可能会发现，随着项目的发展，我们越来越感到惊奇。从这个过程中，项目更大的背景或其各部分的连接可能会逐渐显现出来，带来更大的惊喜。梅里发现了促进这一过程的因素，如放下过去（释放），关注意想不到的情况（倾听），意识到自己的想法和需求（反思），以及对意义保持开放的心态（开放）。这些因素与 LORRAX 模型非常吻合。他指出了生活在心流状态和共时性中的好处：对于个人来说，可以关注现在和全局，培养面对改变的勇气，增加信心和真实性；对于业务而言，可以获得意想不到的结果和资源，连接未来的大局，节省决策时间；对于团队来说，可以停止内耗，帮助谈判，增强敬畏和合作意识，激发创造力。

最后，在自主管理的组织中，我们改变了对就业和员工的整体看法。 我们的目标是通过表彰那些有创造力、有思想、值得信赖、有责任感但也有缺点和独特的人，从而激发出每个人身上最好的一面。我们抛弃了金字塔式的等级制度和随之而来的权力差异，把决策权交给那些对这个问题了解最多也投入最多的人。由此产生的主人翁意识和创造力是培养心流和注意工作场所共时性的理想选择。

所有这些方法都可以利用共时性和心流来使我们的工作环境变得更好，虽然不是以一种可以预测的方式，但至少是一种有意识的方式。在心流状态下做出的决策不仅可以让参与业务的每个人受益，更有可能使外部世界受益。当团队中的每个人都为共享语义库做出真实的贡献时，大家所做出的决定很可能会考虑到所有相关的人，因为我们都关心的不仅仅是我们组织的底线，这个过程允许把社区的重要问题带入董事会和工作空间讨论。

没有问题就没有心流

你希望你的生活没有问题吗？如果是这样的话，你显然不是一个人。然而，这种渴望是心流的主要障碍。要想实现共时性，就要与现有的世界保持契合，如果一切皆如所愿，我们就不必这么做了。只有在克服障碍的过程中，我们才能进入心流状态。

我最近租了一辆搬家卡车，要把家搬到另一个城市去。搬家那天早上，租赁公司打电话给我，说我预订的卡车不能用了，但有一辆小一点的。这让我很担心，因为我确信我需要一辆大卡车。然而，我通过调整自己的期望来保持心流状态。当我去取那辆小一点的卡车时，他们却告诉我小卡车也没有了。这下没有办法了。

我感到沮丧、愤怒，还有点担心我的搬家日程可能会被打乱。我还沉浸在自己对未来的想象中，我感觉自己的运气从指缝间溜走了。我把可能性之树牢牢地记在脑子里，没有大发雷霆，而是重新集中注意力，试图用新的眼光来看待这个情况。发生了哪些事件？解决方案可能隐藏在哪里？

这件事本来很容易以本能的沮丧和责备而告终，在大约六十秒的时间里，大家坐在那里，不知道如何是好。在此期间，车场管理员从外面走了进来。他无意中听到了我们的谈话，插话说："有一辆二十六英尺长的卡车刚空出来，但只能用一天。"太好了！这正是我渴望听到的消息。现在我必须打开我的思维，因为这是一辆非常大的卡车，我必须调整我的时间表，以便能够及时把它送回来。我思考了一下是否可行，解除了我对能否安全驾驶这辆卡车以及按时送回卡车的担忧，并在合同上签了字。这个 LORRAX 循环从开始到结束大约需要五分钟。我们得到了我们最初想要的一辆大卡车，由于是租赁公司的失误，我们还得到了折扣。

我没有纠结于租赁公司的失误，例如为什么没有在承诺的时候准备好卡车？没有卡车可用的时候为什么不打电话给我？我可以把这一切看作是一个更大的环境的一部分，在这个环境中，我的需求最终得到了满足。后来的事实表明，我们确实需要使用那辆二十六英尺长的卡车。搬家那天没有小卡车可以用，这是个小问题，却最终解决了一个更大的问题。生活在心流中让我能够与租赁公司的员工合作，而不是产生更多的问题。我仍然可以追究租赁公司没有履行承诺的责任。我可能会选择不再雇佣他们。但因为对我来说最终结果变得相当好，所以我给他们的反馈本质上是帮助他们改善，而不是发泄他们如何毁了我的一天。

不过，让我们从这个事例中后退一步。我不认为共时性只是为了帮我们省钱并租到合适的卡车。从大局来看，生活就是学习和成长的过程，而共时性可以促进这一过程。什么事业不是每天都充满困难呢？事业需要障碍来巩固基础，实现更大的长期增长。谁能在不克服困难的情况下学会新本领？障碍可以帮助我们提高能力，激励我们完成我们认为最重要的任务。托马斯·库恩在分析科学家从事研究的动机时写道："成功的人会证明自己是解决谜题的专家，而谜题的挑战通常是推动他前进的重要部分。"如果科学中的障碍可以被重新定义为谜题，那么同样的心态是否也适用于我们的日常生活呢？

从天而降

我在倾盆大雨中开车去开会，突然意识到我把伞忘在家里了。遗憾的是，我要从停车场走几个街区才能到会场，这下我要被淋成落汤鸡了。就在我这样想的时候，一个拿着印有第一共和银行标志的雨伞的行人从我的车前穿过。我最近在这家银行开了一个支票账户，并且也收到了同样一把雨伞。看到那个拿着伞的家伙，我想起来我妻子把那把伞留在后备厢里了，以备不时之需。我把车停下，在后备厢里找了一下，伞果然在那里。结果那天我一点也没有淋到雨。(本故事由乔治·史考特提供。)

心流就是关于如何去面对挑战。在第一章中，我们讲述了契克森米哈赖提出的挑战和能力之间的理想匹配和心流通道。他曾经做过一个有趣的实验，在这个实验中，他追踪了在正常的一天中，心流状态什么时候发生，以及那些身处这种状态的人的感受。他给参与者配备了一个寻呼机，可以随机向他们发送通知。当他们收到通知时，他们就写下他们情绪的各个方面以及他们当时在做什么。他得到的结果有点违反直觉，但却很熟悉：我们可以从完成困难的任务中获得高度自尊，但我们并不喜欢它们。他称之为"工作的悖论"："在工作中，人们倾向于充分利用他们的身心，因此觉得他们所做的是重要的，并在做的过程中自我感觉良好。然而，他们的动力比在家时更差，他们的情绪质量也是如此。"

这不仅适用于成年人的工作场所。他发现，青少年在学习上也有同样的经历：

> 每当青少年在做一件他们称为工作的事情时，他们通常会说，他们所做的事情对他们的未来很重要，需要高度的专注力，并产生高度的自尊。然而，当他们做的事情就像工作时，他们也会比平时更不快乐，更没有动力。另一方面，当他们在做一些被他们称为玩耍的事情时，他们认为这并不重要，也不需要集中注意力，但他们很快乐，也很有动力。

作为一个8岁孩子的父亲，这对我来说并不奇怪。如果让她选择，艾莉几乎总是会选择看电脑屏幕或阅读漫画小说，但当她这样做时，她会感到昏昏欲睡。如果我们强迫她做一个困难的艺术项目，练习小提琴，读一本没有图画的书，甚至是自己打扫整个厨房，她会强烈地反抗，但一旦她做起来，我们就不能把她拉走了。当我一个小时后走进厨房时，食物已经在橱柜里重新整理好了，厨房的桌子也已经摆好了，上面贴满了姓名标签。

障碍可以帮助我们进入心流状态。如果想要更多地活在心流之中，明智的做法是选择自尊作为我们的目标，而不是安逸和享受。此时此刻，自尊与心流状态相关，而快乐则不然。然而，事后我们感受到的更强的自尊会让我们的生活更丰富，可以说也会让我们更快乐。因此，幸福的矛盾之处在于，如果直接寻求它，我们就不太可能去做必要的工作来克服障碍，并进入心流状态，而我们找到的快乐也会转瞬即逝。相反，如果我们寻求有目的的行动，我们将面临进入心流状态所必需的障碍，我们的自尊和长期的幸福感都会提高。与其试图逃避生活中的烦恼，不如问问自己如何与环境保持契合，做需要做的事。

然而，"心流"这个词是动态的。在任何情况下，它的意思都不一样。在不同的情况下，它的意思是不同的。心流并不意味着接受所有挑战。心流的快乐来自找到当下适合你的东西。要进入心流状态，我们需要合适的环境。根据心理学家安妮·威尔斯（Anne Wells）的研究，在她所调查的女性中，外出工作最多的女性自尊感最低。然而，她调查的所有女性都喜欢外出工作。导致这些情况的潜在原因有很多，但契克森米哈赖的解释对理解心流很有用："有家庭的全职职业女性可能自尊感较低，这不是因为她们完成得少，而是因为她们对自己的期望比可能实现的要高。"

自尊不是来自选择容易的路线或困难的路线，而是来自选择适合我们的能力、能满足当时需求的路线。进入心流通道需要面对适当的挑战，然后克服它们。这就是我认为有意义的历史选择发挥作用的地方。这一概念表明，我们经历的障碍将具体地帮助我们以有用的方式成长。例如，特里的目标是在首席执行官的职位上取得更大的成功，这就要求她在财务方面与团队进行更多的沟通。对她来说，在可能性之树的众多分权上，假设其中一个涉及她家里的抵押贷款出了问题，这是一个完全不相关的情况。然而，抵押贷款的问题引发了她与配偶的沟通危机，这一经历使她更加意识到在财务问题上清晰沟通的重要性。这次抵押贷款危机是共时性的。根据有意义的历史选择模型，如果特里的抵押贷款危机最终会使她成为一名更成功的首席执行官——这是她正在积极寻求的变化——那么她的抵押贷款危机就更有可能发生。她在工作上的成长需求正促使她朝着成为一名更好的首席执行官的情况迈进，而发生住房抵押贷款的问题就是这样的情况之一。

如果我们设定了一个意图，我们就应该预料到出现的情况会帮助我们走上实现这一意图的必要道路，无论我们是否能够看到这是怎样发生的。因此，以一种开放的心态去面对障碍是很有用的。"这种令人沮丧、烦人、可怕的挑战如何能帮助我以我想要的方式成长呢？"这是 LORRAX 过程的反思部分。与我们的直觉相反，这些障碍就像可能性之树上那些苹果更多的树权，因为它们帮助我们学习一些东西，让我们在未来更有可能实现我们的目标。

如果我们想找到心流，障碍就会变得有用。即使可能性之树的一个分权行不通了，但如果我们仔细观察，可能在附近还有其他的分权。我们能够轻松地面对困难，因为我们信任这棵树。在我们的脑海中，我们看到的不仅仅是眼前的一个分权，而是多种可能的分权。

生活在心流状态中不仅仅是知道心流的概念并偶尔体验它。当我们更熟悉以一种积极主动的方式与我们的环境保持契合的感觉时，我们就能更容易地保持心流状态。下一章将探讨如何进一步将心流融入日常活动和终身目标。

第四章

积聚动量

2017年10月中旬，演员艾莉莎·米兰诺（Alyssa Milano）在推特上发了如下帖子："如果你曾遭到性骚扰或性侵，请回复这条推文，写上'我也是'（me too）。"米兰诺试图让人们注意到美国文化中根深蒂固的厌女文化，这个帖子在短短几天内就吸引了数十万的回复。#metoo运动开始了，女性开始讲述她们被男人侵犯的令人揪心的真相。这股文化潮流导致许多有权势的人辞去了有影响的职位。

但这就是#metoo运动的真正发端吗？一位名叫塔拉纳·伯克（Tarana Burke）的活动家在2006年就使用了这个短语，作为她赋权有色人种女性的努力的一部分。长久以来，女性（大多数情况下是和其他女性一起）一直在谈论她们共同的职场歧视经历。1991年，法学教授安妮塔·希尔（Anita Hill）在美国最高法院大法官提名人选克拉伦斯·托马斯（Clarence Thomas）的批准听证会上作证说，托马斯曾对她进行过性骚扰，这让人们得以一瞥这股涌动的暗流。最近，福克斯新闻的埃里克·博林（Eric Bolling）和罗杰·艾尔斯（Roger Ailes）被指控性骚扰，有关报道备受关注，成为重要新闻。2016年美国总统大选期间，总统候选人唐纳德·特朗普（Donald Trump）遭到性骚扰指控，#讨厌的女人（#NastyWoman）这个标签是根据特朗普在一次辩论中对对手希拉里·克林顿（Hillary Clinton）的评论而发明的。

2017年10月有何不同？是势头。几十年甚至几个世纪以来，沮丧和愤怒的势头一直在积聚。2017年10月，它达到了一个临界点，最终喷涌而出。

什么是象征性动量？

#metoo运动中的动量与物理学中的动量概念类似。物体有动量，当它沿特定路径运动时，即使我们改变了造成它的条件，动量也会持续存在。我们所说的牛顿第一运动定律可以这样表述：运动的物体趋向于保持运动，静止的物体趋向于保持静止。保持原状的倾向在日常生活中也有隐喻性的表现。如果你曾经暴饮暴食，你就会体验到这种动量。一旦你养成了再吃一块饼干或再吃一口火鸡的习惯，你的动量就会让你很难停下来。

我们经常认为动量是放慢某事的难度，比如抓住一个飞着的棒球或试图阻止自己再去冰箱一趟。但动量也有另一面。有时，一个系统可能正在发生变化——动量增加——但我们直到"突然"出现一个重大变化时才意识到它。我们可以说，地下受精的种子在某种意义上是有动量的，尽管我们看不见它。所有合适的条件都具备了，如果在同样的条件下不去管它，它会突然破土而出。同样，当我们狂饮时，在我们的意识深处可能会有一个微弱的声音在积聚动量，自尊和决心的声音突然打破沉寂，说："够了！"我们踩着脚走到冰箱前，把所有诱人的东西都扔进了垃圾桶。这是暗中积累的动量的明显显现。

这些例子说明了一个通过普通的因果物理定律展开的过程：由于空气、土壤和水等合适的物理条件的存在，幼苗能够破土而出。有意义的历史选择意味着一种"象征性动量"，当我们接近可能性之树上的苹果（即"象征事件"）时，这种动量就会积聚。记住，象征事件是具有某种定性结果的事件，而不管世界的物理设置如何。例如，满足一个人的食欲是一个象征性的结果，可以通过许多不同的方式发生：可以吃一根胡萝卜、一根营养棒，或者一块牛排。为满足食欲的目标而积聚象征性动量，意味着接近可能性之树上任何一个包括胡萝卜、营养棒或牛排的分权。

当我们从图 5 中的 A 点移动到 B 点时，我们发现周围的苹果比以前更多了。在 B 点，我们无法再接近右边的树权，但因为它只有几个苹果，失去这个树权增加了我们得到更多苹果的机会。我们现在更有可能达到我们的定性目标。尽管我们可能没有意识到我们朝着苹果的方向前进，但通过采取这一步，我们已经离它们更近了，即为实现目标积聚了动量。

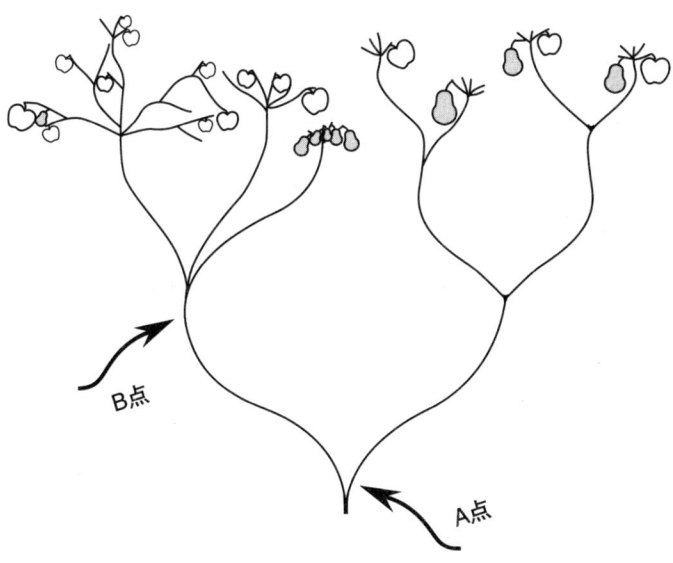

图 5：通过从 A 点移动到 B 点，我们移动到可能性之树上有更多苹果的区域。可能没有任何迹象表明我们离目标更近了，但我们已经积聚了象征性动量，更有可能实现目标。

我们总是在为某事而积聚象征性动量。如果我们继续同样的选择，如果我们每天给种子浇水，最终会发现树上长满了苹果的地方。这些可能性中的一个很可能会发生。例如，给 X 公司发一份简历不仅会增加 X 公司直接给我们工作的机会，还把我们置于一个更接近更多苹果的分权上，这反映了获得工作机会的一般定性体验。

这种定性的体验可以分解为实际的世俗体验，比如把第一份薪水存入银行时的放松感，或者告诉配偶我们得到了这份工作时的骄傲感。如果我们继续发送简历，参加面试，建立关系网，根据有意义的历史选择理论，我们正在为从任何地方获得一份工作积聚象征性动量，或者更准确地说，让某种提供定性体验的事情发生。我们被越来越多的苹果包围，最终一份工作突然出现在我们面前。这个工作机会可能不是来自我们真正交谈过的人——它可能来自一个完全不相关的方向——但它很有可能因为我们的行为而发生。这是一种象征性动量，它对我们有利，增加了实际上我们发送简历的每个公司给我们提供一份工作的可能。

哇，你是怎么得到这个分数的？

我当时在参加考研的标准化考试。在考试的间隙，我读了几段带来的一本书的有趣段落。当考试再次开始时，第一个问题正是基于我刚读到的一段作文的回答。（本故事由奥瑞恩·莱蒂齐提供。）

想想最初我是如何找到我演奏音乐的精神团体的。一年多来，我一直想找一个有意义的地方演奏音乐。作为我的新年愿望，我决定开始参加圣罗莎精神生活中心的活动，希望能进入那里的乐队。然而，我连续参加了四周的礼拜，似乎并没有起作用。音乐总监对

第四章　积聚动量

我提出的志愿帮助不感兴趣，所以在第五周我几乎放弃了，选择待在家里。

到了那天我最终决定去参加礼拜，但还是没有成功。然而，当我回到家时，我发现了一个自称玛丽牧师的女士发来的电话留言，她是另一个精神生活中心的牧师。她邀请我做她所在中心的音乐总监。我加入第一个中心的努力和她邀请我加入第二个中心之间似乎没有任何直接联系。我想可能有间接联系，但因为没人知道我在关注这件事，并且她也没有和第一个中心联系，她的邀请看起来更像是一种象征性动量和共时性。幸运的是，我意识到这个事件是我一直努力的目标的实现——我倾听、开放、反思——所以我接受了这个邀请。

因为我已经逐渐被苹果包围了，即期待着在一个用音乐参与精神团体的体验，并采取了相应的行动，所以有意义的历史选择表明，这样的事情注定会发生。玛丽对我的邀请似乎是自发的，但是动量已经暗中积聚了几个星期。这种最初的共时性为我打开了通往整个职业道路的大门，包括使我认识了一些最亲密的朋友。

在某种程度上，每一个行动都是有意义的，所以我们总是在为某事积聚动量。如果我们的行动没有目的性，我们可能会不断地改变方向。例如，如果我去了圣罗莎精神生活中心三次，但后来决定把重点放在发展我的摇滚乐队，让他们在俱乐部演奏，然后就不再去中心了，就像是朝着图 6 中的苹果前进，然后却转向了梨。仅仅积聚动量对我们并没有好处，我们需要真正到达下一个苹果才能受益。如果我们接近了一个苹果，但改变了方向，就会移动到 C 点，那里有梨，但没有苹果。苹果熟了，但没有被采摘。

玛丽牧师打来电话的时间点是很强的共时性的重要组成部分。从我的角度来看，在坚持了几周后，我很自然地得到了一份带薪工作，并且恰好我想在这个领域做志愿者。事实上，这个邀请是在我几乎要放弃却坚持自己路线的那一天收到的。这种情况不应该被理

- 089 -

解为共时性的证据，但考虑到我以前或以后从未突然得到过一份工作，更不用说一份与我期望的结果完美匹配的理想工作了，从随机因素的角度来考虑，似乎并不能很好地解释这个时间点。相反，这种情况与有意义的历史选择模式是一致的。

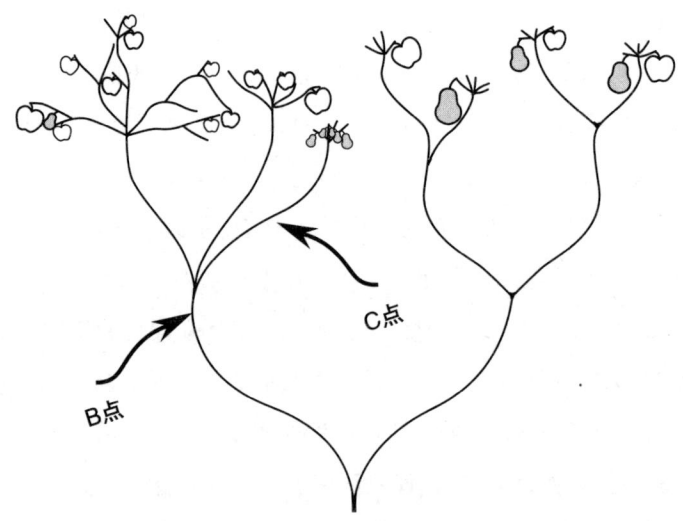

图 6：在 B 点，苹果的象征性动量增加了，但如果我们改变方向，最终会到 C 点，朝梨的方向移动。现在我们不摘苹果了，虽然刚才离苹果很近。

如果我们一直处于一个破坏性的循环中，那么象征性动量可能是坏事，因为它会让我们不断地到冰箱里拿火鸡和馅饼来吃。在这种情况下，可能性之树上的苹果可能会导致消化不良。仅仅离开冰箱是不够的，因为我们的动量可能会在我们意识到之前就将我们再次带到冰箱跟前。为了改变动量，我们需要采取大胆的行动，比如扔掉吃剩的东西，让自己很难找到容易引起暴食的食物。

但是，如果我们一直有意识地朝着我们想要的苹果的方向积聚动量，那么象征性动量可能是一件好事，就像我成为玛丽牧师的音乐总监一样。在这样的情况下，动量可以帮助我们度过怀疑的时刻。

大胆行动可以改变可能性

那么，为什么我们不能更多地经历有意义的巧合呢？正如第三章所讨论的，捕捉共时性或进入心流通常需要我们的火花。为了塑造我们的世界，我们需要能够看到一种情况的潜在可能，并采取行动来实现它。即使存在有意义的或可取的可能性，其可能依然需要我们的参与才能实现。我们是使共时性发生的火花。

记住，有意义的历史选择的第一步是定义苹果是什么。假设我们首先检查了我们隐藏的情感，所以我们创造了个人突破而不是自我破坏的苹果，目标是在可能性之树上达到一个苹果分布不均衡的点。我们想在一条路上放很多苹果，在另一条路上放很少。这就可以将可能性推向有意义的结果或共时性。

怎样才能创造出一棵苹果分布不均衡的可能性之树呢？如果我们采取的行动导致世界做出各种截然不同的反应，其中一种反应将与我们的行动紧密契合，而其他反应则不那么契合。这一个分权可能会更好地契合，因为它会涉及一些可以导向更多苹果的外部事件。换句话说，通过在某个方向大胆行动，我们给了宇宙一个机会，让它以一种强烈支持我们意图的方式做出回应。

大胆意味着我们把一种真实的情感带入我们的行动中，可能会冒险。 在理想的情况下，我们带来爱、快乐和兴奋的情感，这放大了我们对自己希望创造的建设性体验的吸引力。当然，相反的情况也有可能发生。我发现自己生气时非常大胆，但结果通常都不是建设性的。当我因为女儿不小心打翻了她的饮料或因为自动售货机故障而生气时，我似乎愿意做一些正常情况下永远不会做的事，愿意说一些正常情况下永远不会说的话。这种形式的大胆是非常强大的，但它往往指向与我的最高利益不一致的结果。无论我们的大胆行动是出于爱还是恐惧，我们清晰而强烈的情感会把反映这种情感的经历拉向我们。

来自共时性的高分

在统计力学期中考试前的最后十分钟复习中,我无意中听到一个朋友说:"老师让我们学习双态磁化问题。你最好这样做。"这句话并不是对我说的,但我还是听从了建议,结果这个问题确实出现在了考试中。在完成测试的过程中,我直奔分值最高的题目,这意味着将第一个问题留到最后,因为它看起来很难。在距离考试结束还有三十分钟时,老师意识到第一道题(我还没有开始)太难了,就把它从试卷中去掉了。我完美地优化了时间安排,结果拿到了高分。

为什么需要大胆?塑造我们的世界意味着带来与我们目前经历不同的事件。大胆的行动将事件的默认发展路线转移到可能性之树上与我们的意图更加契合的区域。这种有目的的转变需要投入精力,因为在有意义的历史选择模型中,我们要增加可能性之树上分权的次序性。

例如,如果我们想避免走默认路线,在会议上举手提出一个新想法或反对已被接受的观点可能是必要的。在默认路线上,复杂性、活力和次序性会随着时间的推移而降低。想一想,如果一家公司不会定期更新自己的愿景和战略会发生什么,它会逐渐故步自封,变得缺乏创新,缺乏适应性。相比之下,大胆行动的结果是有目的地创造更多的次序性和新的图案,以新的方式塑造可能性之树上苹果的布局。

让我们比较一下图7和图8中的可能性之树。在图7中,两个分权拥有相同数量的苹果,所以这两个分权都不会增加我们最终获得苹果的概率。这是一个毫无意义的布局。虽然看起来很有序,因

第四章 积聚动量

为所有的东西都一样，但是从物理学家的角度来看，这种布局的次序性最低，因为每一个分权都一模一样。为了理解为什么物理学家会认为均一性很无聊，想象一下如果宇宙中所有的原子都均匀地分布在空间中，就像是一碗均匀的宇宙汤，我们会说它没有结构或次序性，就不会有糖或纤维素这样的分子来创造生命，更不用说行星和恒星了。

在图 8 中，如果我们最终到了左边的树权上，得到苹果的概率比右边树权上的概率高。这是一个有意义的布局，比图 7 中的布局更有次序性。我们可以清楚地区分左边的分权和右边的分权分别代表的情况。这是大胆生活的核心：我们要清楚地区分我们选择的道路和不选择的道路。

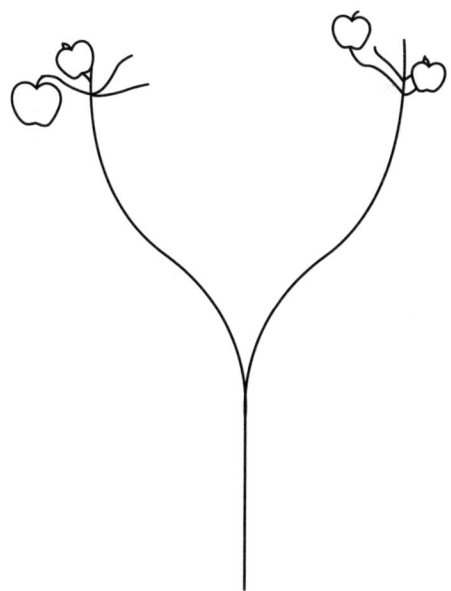

图 7：这棵可能性之树的每根分权上有相同数量的树枝和相同数量的苹果。这是一个毫无意义的布局。

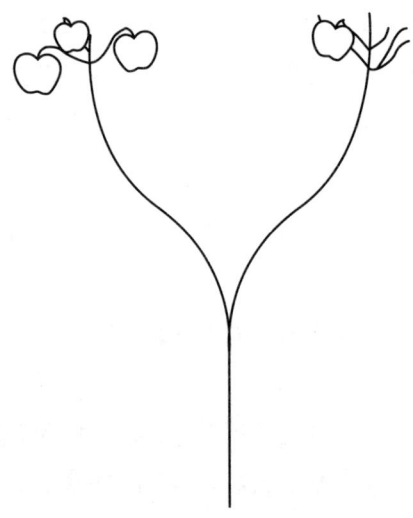

图 8：这棵可能性之树的左右分枝上有不同数量的树枝和苹果。这是一个很有意义的分布，因为向左移动和向右移动获得苹果的概率是不同的。

为了了解大胆行动如何改变我们的象征性动量，让我们看一下图 9 和图 10 中的可能性之树。如果我在我的工作地点连续努力工作六个月，对我来说，可能性之树的分枝就会从图 9 的布局变成图 10 的布局。开始时，我必须大胆行动，以便到达拥有更多苹果的左边的树杈（工作中的积极结果），但一旦我到达那里，苹果将或多或少均匀地分布在所有树杈上。换句话说，没有太多的进一步努力，我将继续在工作中取得成功，因为我已经在那条道路上了。

然而，如果我想要获得一些不同类型的体验，如家庭生活方面的积极结果（梨子），这些机会不太可能不经过努力就出现。我爬到了可能性之树上苹果很多而梨子很少的地方。如果我继续这样做，这意味着爬得离苹果更近，我获得梨子的概率就会很低。我的事业会蒸蒸日上，但我的家庭可能会遭殃。为了增加得到梨的机会，如图 11 所示，我必须大胆采取行动，优先考虑我的家庭生活，比如安排一个家庭电影之夜。

第四章 积聚动量

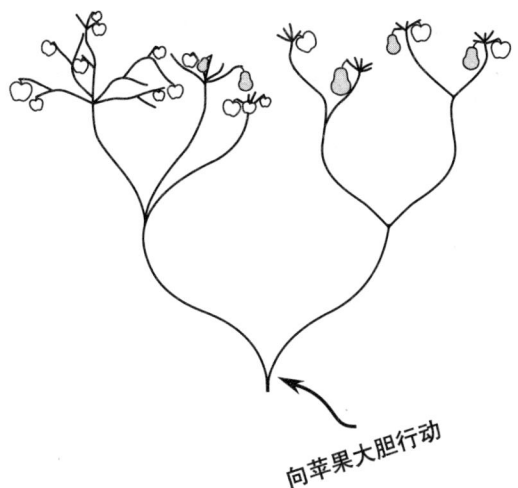

图9：通过采取大胆的行动，在工作中取得更好的成绩，我让自己更接近左边那根树杈上代表着积极结果的苹果。

图10：后来我发现自己在左边的树杈上，靠近许多苹果（工作中的积极结果），这些苹果现在均匀地分布在树杈上。然而，我得到代表家庭生活方面积极结果的梨子的可能性并不高。

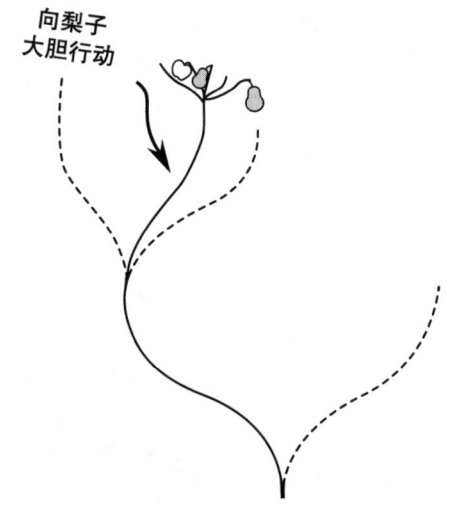

图11：只有采取另一种大胆的行动，考虑到家庭生活方面的积极结果，我才有可能最终朝着有更多梨的树杈前进。

一开始，苹果不均匀地分布在左边的树杈上，但是当我们向左移动时，那根树杈上的苹果分布相当均匀。我们积聚了获得苹果的动量。这些图示告诉我们，昨天的大胆行动可以变成今天的默认路线。起初，需要采取大胆行动才能通向苹果，但是逐渐地，这边成了默认的结果。

大胆行动是当下所特有的。它需要具有对每种情况下所需行动的一种动态的、自觉的认识。贾沃斯基说："承诺并非始于意志，而是始于意愿。"这一切都在心流的过程中走到一起。在心流状态中，我们的行为不是有预谋的。我们在仔细倾听环境和大胆行动来改变可能性之间找到一个平衡。然而，从上面的图示中可以看到，对事物本质的被动接受不会导致建设性的共时性或协同的变化。心流既包括接受现状，也包括寻找大胆行动和改变环境的机会。

契克森米哈赖也以一种积极主动的方式看待心流，将其视为挑战和能力之间的平衡。他说："对于每个人来说，都会有成千上万的机会和挑战来提高自己，这些经历在发生的时候不一定是愉快的。"他提醒我们，那些对我们的生活做出最积极贡献的经历，那些产生新模式的经历，有时是不舒服的。通过接受——甚至是选择——不舒服的情况来实现目的，我们改变了可能性之树上的动量，改变了我们的世界。

需要强调的是，在这个描述中没有将价值放在一个或另一个分权上。大胆的行动能区分出我们选择的树权和没有选择的树权。这些分权没有好坏之分，只是反映了不同的选择。有意义的历史选择是一个包含初始行动、行动背后的预期体验和宇宙反应的过程。它不会让我们更接近我们想要的东西，而是更接近我们通过行动做出的选择。这个过程是中性的。

有时苹果很重要，有时梨子很重要。根据有意义的历史选择理论，我们可以指望的是，随着时间的推移，我们会倾向于经历反映我们所做选择本质的结果。大胆行动的对立面——我们称为"胆怯"行动——不会造成两根分权上不同结果的行动。在胆怯的情况下，我们不会用行动做出选择，可能性也不会改变。从背后的物理过程的角度来看，大胆行动和胆怯行动没有好坏之分，这些表达只是描述了选择的过程及其有意义的结果。

要想理解这在一个真实的例子中是如何展开的，想一想第一章中艾薇塔努力进入她喜欢的研究生院的经历。最初的情况如图12所示，那些有苹果的分权代表着她所期待的体验，即攻读研究生。树上只有几个苹果，散布在每个分权上。她爬到那些树权上的概率不是特别高。

通过积极主动地给学院打电话进行跟进，艾薇塔为自己定义了苹果是什么，那些树权开始有果实。不过，在图12中，有果实的分权与没有果实的分权混在一起。她并没有真正改变获得积极结果的概率。关键的一步是，由于果实的重量，任何导致未来获得苹果的事件都将变得更有可能发生。共时性事件 S 就是这样一个事件。S 代表的情况是，学院的负责人是她认识的人。这种情况会很自然地增加她以各种不同的方式得到苹果的机会。负责人鼓励招生委员会再看一遍她的申请，他们意识到正好有空出的一个名额可以给她。另一种可能性是，一位导师最近申请招收一名能力与艾薇塔的背景完全匹配的研究生。艾薇塔和代理系主任有私人关系这一事实带来了所有这些可能性。因为有很多可能性的苹果从事件 S 产生，这根树杈变得很重（见图 13）。这个特定的事件变得更有可能发生，虽然它完全出乎艾薇塔的意料。从她的角度来看，这就像是一个有意义的巧合，一个巨大的幸运转折。从更广泛的角度来看，由于她的行动，一件本来不可能发生的事件发生了，而这就意味着她塑造了她的世界。

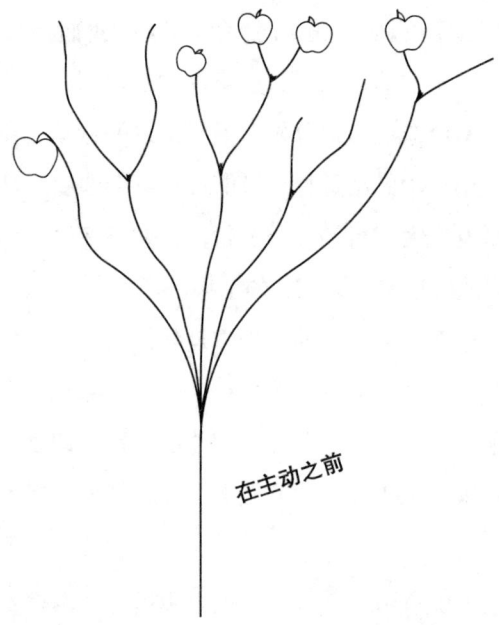

图 12：在艾薇塔主动打电话给学校之前，代表她进入那个学校的情况的苹果甚至还没有被定义，但是我们可以想象这些树杈是随机分布在整棵树上的。

第四章　积聚动量

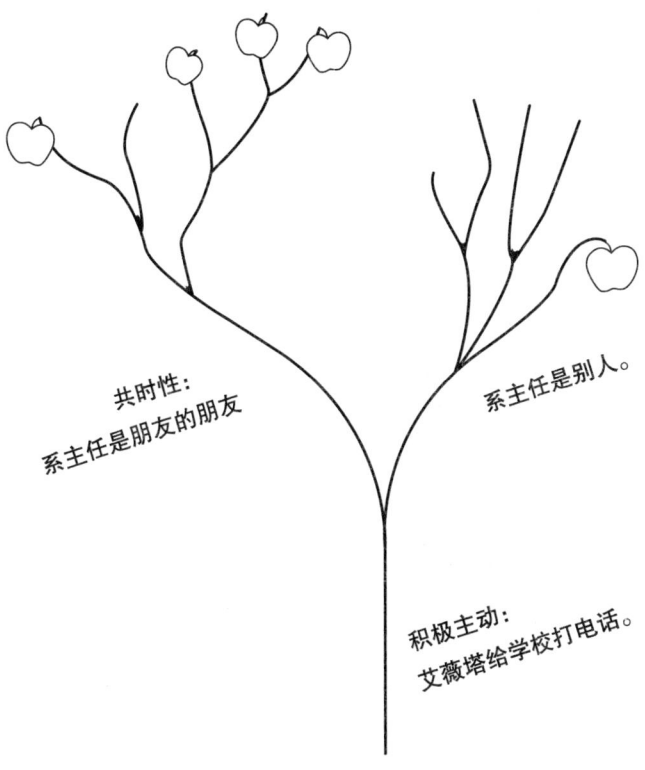

图 13：在碰巧认识代理系主任的情况下，艾薇塔的目标可以通过很多方式实现，因此我们可以把树权分成两组，发现更多的苹果在左边那一组。因为苹果代表重量，S 所代表的分权变得更重，因此更有可能发生。为了实现这种情况，艾薇塔需要主动打电话给学校，客观地表明她想要的结果是什么，并定义苹果所代表的意义。

通过比较图 12 和图 13，我们可以看到艾薇塔的积极主动将现有的分权划分为有意义的两组。左边那一组比右边那一组更有可能包含她想要的结果。左边那一组是与她认识代理系主任这一潜在事实相关的所有分权。当然，这一组分权比代表她没有个人关系的那一组有更多的苹果，所以这个潜在的事实变得更有可能。这种分组并不完美，因为每组都剩下了一些苹果。但我们说她的行为是"有意义的"，因为左边树权上的苹果数量和右边存在显著差异。

这个树形图说明了我们如何因为有意义的历史选择而积聚导向某些结果的象征性动量。如果没有这个原则，我们就只能听天由命了：我们可以朝着一个结果努力，在最后一刻却失败了。虽然在有意义的历史选择中这仍然会发生，但可能性之树表明，即使我们努力想要获得一个苹果，最终没有得到，但是附近还有其他的苹果。如果我们能利用 LORRAX 过程做出调整，保持开放的心态，即使在我们认为已经错过机会的时候，也可能会看到意想不到的机会。

当今危机的象征性动量

象征性动量让我对气候变化等全球形势抱有希望。大多数人都意识到，即使我们明天完全改变我们的消费习惯，气候危机的影响也需要时间来缓解。这是因为在碳基技术投资了一个多世纪之后，人类的技术和地球都需要时间来调整。但根据有意义的历史选择模型，气候变化也是我们在可能性之树上积累的象征性动量的结果。

当我们选择独自开车上下班或在商店购买塑料包装的蔬菜时，我们就离树上的苹果更近了，坦率地说，它并不是那么好。我们塑造了我们目前所处的世界，无论是成功还是失败。即使我们个人试图通过做出会生成更小影响的选择来脱离这个体系，我们经济的各个方面是如此相互关联，我们中的任何一个人都不可能避免对世界的某些方面产生负面影响。在有意义的历史选择的框架内，我们可以将极端天气事件等事实理解为与我们正在做出的集体选择有意义关联的物理结果。

我们也可以将随机的暴力行为或政治僵局视为象征性动量的例

第四章 积聚动量

子。它们是否准确地反映了我们过度发展的自力更生意识和我们不发达的相互联系的能力呢？通过积聚这种象征性的动量，我们已经用可能性之树上的这种分权将自己围了起来。这样或那样的悲剧变得不可避免。

如果这些危机是由我们行动的象征意义所引导的，那么我们究竟该如何量化这些象征意义呢？在这里，我需要稍微含糊一些（即使我试图精确），因为我认为没有唯一正确的方式来描述今天的问题的象征意义。在第二章中，行为的意义被定义为行为导致的定性体验。所有可能以某种定性结果结束的场景都被组合在一起，例如，我们可以根据这个问题对树权进行分组："气候的稳定性在哪些方面变得更好（X），在哪些方面变得更差（X-）？"那么，当我们做一些无视环境的事情时，我们的行动与 X- 中的许多分权一致，因为这些分权反映了预期的定性体验，即一个环境并不重要的世界。

因此，任何导致这一最终状态（"地球变得不稳定"）的事件都变得更有可能发生。突然间，似乎是出乎意料地，墨西哥湾发生了大规模石油泄漏，日本核电站附近发生了强烈地震。现在，我们越多地钻探石油或使用核能，这些特定事件就越有可能发生，但我怀疑，它们也会因为有意义的历史选择而变得更有可能，因为宇宙会对我们的集体选择做出回应。

由于没有很好的科学词汇来精确地描述定性体验，所以我不得不模糊地将预期的定性体验描述为"一个环境并不重要的世界"。这是一个人可能拥有的所有个人经历的缩影：因为吃了被大肠杆菌污染的蔬菜而生病从而错过超级碗比赛的经历，或者是朋友来家里吃饭时喝的是棕色自来水的经历。这些只是在这些情况下可能发生的平凡个人经历的几个相当良性的例子。

我们可以在这个高分辨率的显微镜下观察我们每个人的选择，

也可以后退一步，从大局着眼。许多文化承认极性之间的基本平衡，无论是阴和阳、神圣的女性和神圣的男性、萨克蒂（Shakti）和湿婆（Shiva）、心灵和头脑等等。也许是从一万两千年前农业产生开始，许多世纪以来的趋势是强调传统中医所说的阳的价值（如分化和竞争），而不是阴的价值（如联系和合作）。

我们的现代科技文明很大程度上建立在这种阳的价值之上。英语里"science"（科学）一词源自表示知识的拉丁文单词，这个词被认为与拉丁词根"scindere"有关，而这个词根的意思是"切割，分割"。我们可以想象气候变化如何反映这些相同的原则。我们被压抑的情绪正在上升，要重新定义社会可接受的对话话题，想一想#metoo运动吧。与此同时，海平面也在上升，以冲击我们脆弱和毫无准备的海岸线。我们脆弱的金融系统，我们对单一类型燃料的过度依赖，以及我们一排排整齐的混凝土房屋，最终都无法与大自然的复杂性和原始力量相匹敌，也无法与人类的本性相匹敌。我们的大气层吸收了热量，这是我们所崇拜的燃烧的副产品，但是好东西也会过犹不及。

这种模式也可以在社会问题上看到。我们用强迫而不是同情来使人们安分守己。我们更关注人与人之间的差异而不是相似之处，因此有了女性和男性、多数人和少数人、儿童和成年人之间的权力差异。即使是独自开车去工作的决定也发生在这样一个社会背景下，即要求每个成员以完全相同的方式（就业）、使用完全相同的媒介（金钱）来获得基本的安全。我们衡量每一个人的贡献，精确到每分钟，我们相应地做出补偿，因此经常要求人们做出对地球有害的决定，仅仅因为他们想要度过这一天。这整个背景都来自阳的分离原则，头脑支配心灵。

在我看来，所有这些因素都反映在气候变化作为我们这个时代一股变革性力量的出现上。气候变化影响着每一个人，它提醒我们，人与人之间的表面区别并不像我们想象的那么重要。我认为，气候变化将逐渐使我们因为共同的人性而走到一起（尽管我们之间存在差异），从而激发我们与生俱来的同情心和对联系的渴望。

这就是为什么理解象征性动量可以让我充满希望。当我们重新平衡我们的选择时，例如通过生活在心流状态中，我们在一个不同的方向积聚了象征性的动量。当我们生活在心流状态时，有时我们推动自己的想法，有时我们允许别人的想法占据上风。**与其保持控制（阳）或放弃控制（阴），我们放下对保持控制的担忧，毫不费力地在两者之间流动。我们不是试图根据自己的关切来强行改变世界，而是让我们的选择自己说话，让心流来塑造世界。**

生活在心流中是严格意义上的阳或阴之外的另一种选择，但它对我们大多数人来说并不是陌生的感觉。对于那些拥有健康童年的人来说，这也许是最亲密熟悉的感觉，这就是对游戏的体验。库姆斯和霍兰德说："游戏可以被认为是阳刚的探索和发现事业中的阴柔的一面，而这些事业则是阴柔的游戏活动中的阳刚的一面。"在这里，重要的是要记住"阴柔"和"阳刚"的非性别用法。它们指的是任何人都可以拥有的一系列品质，而不局限于某一个性别。所以当我们努力寻找心流时，我们可以记住游戏的感觉。什么可以让我们兴奋？我们的注意力自然会被什么所吸引？

当人类通过游戏做出更多选择时，即不仅出于竞争和分化而行动，还出于同情和合作而行动，共时性就会发生，从而重新平衡我们本地和全球的环境。虽然这个世界每天仍然会有一些可怕的消息，我们也会看到——我们已经看到了——更多积极的共时性联系。不是每一件事都很突出，生活总是由消极和积极的事件组成，所以，我们在这个方向上的努力的影响可能并不总是明显的。然而，通过生活在心流中，我们可以期待由整体的分离感和无助感转变为归属感和赋权感。

象征性动量可以在一夜之间改变

显然，任何有效解决这些重大人类问题的方案都将是受欢迎的。但是改变世界观并不容易。那么，为什么这种方法让我充满希望呢？有两个原因使我认为象征性的动量对我们来说是好事情。首先，象征性动量可以给我们一种信念，带我们度过黑暗时期，这一点我们会在本章的最后讨论。其次，我们可以非常迅速地改变象征性的动量，下面我们会讨论这一点。

改变气候变化的物理环境是一个非常缓慢、非常费力的过程。这个过程需要通过法律、研发新技术以及成千上万的其他小步骤在世界各地重复。而象征性的动量可以在一夜之间发生改变。任何时候，当整个群体因为一两个突出的事件而改变对形势的看法时，就会发生这种情况。美国独立战争和第一次世界大战开始时"响彻世界的枪声"，以及珍珠港的轰炸，一夜之间改变了象征性的动量。在苏联将"斯普特尼克1号"送入地球轨道的那一天，象征性动量也发生了变化，引发了美国对太空计划的投资和热情。当罗莎·帕克斯（Rosa Parks）在蒙哥马利的一辆公交车上拒绝让座，当塞尔玛（Selma）的和平游行者遭到袭击，这两件事改变了象征性的动量，导致美国民权运动取得重大进展。2001年9月11日，这种象征性的动量发生了变化，数百万美国人第一次突然感到，他们的国家不是一个远离政治危险的避风港。这些都是大胆的事件，无论是好是坏，它们瞬间改变了历史的进程。适当的火花可以在一夜之间改变我们的想法。

现在设想这样一个未来的时刻，此时我们已经改变了在气候变化方面的象征性动量。通过认识到我们个人行为和集体行为的力量，我们所有的人都积极采取行动来解决这个问题。从现在开始的三个月里，在能源储存技术方面有可能取得突破，减少90%的电网能源浪费，并将我们的电力需求减少一个数量级。这样的技术突破可能是一系列小的共时性的结果，只是等着我们把重心放在这些问题上。

或者想象一下，在一场重要的选举前不久，发生了一场巨大的极端天气事件，导致公众强烈反对，许多否认气候变化事实的领导人被赶下台。反应性的宇宙很可能会让此类事件发生。突然间，我们可能会发现自己处于一种可能取得进展的政治环境中。

想象一下，当我们继续朝着整体和平衡的方向积聚象征性动量时，一场病毒式的运动在网上兴起，它超越了政府的政治僵局，激发了全世界每个国家的个人之间的一种承诺，即改变他们的思维模式和消费习惯。这也仅仅是对我们有利的一系列事件。这正是我所认为的反应性宇宙的运作方式。

但在塑造我们的世界时，我们总是负责迈出第一步。我们的工作不是担心我们将如何到达终点，而是在我们希望的方向上积聚象征性的动量。我们迈向平衡和完整的每一步，都把我们带到可能性之树的一个分权上，这个分权上代表着积极变化的苹果的密度略高。随着苹果密度的增加，我猜想我们将会经历越来越多的同步事件，从而让我们能够积极主动地做出反应，进一步完成我们的任务。那些苹果就在树上的某个地方，我们只需要得到它们。

我们想看到的改变来自我们自己的内心。为了解决这些大问题，让我们从内心开始，将我们的工作心态从只做我们的工作转变为快乐和真实的表达。让我们从内心开始，如果是男性，就要改变认为男性的贡献多于女性的文化倾向；如果我们是女性，就要尊重男性，即使我们在某一领域有更多的专业知识。让我们从内心开始，承认和尊重社会上所有人的贡献，并在我们拥有的每一段关系中，将我们的个人判断转化为相互理解。让我们从内心开始，为我们自己和我们在乎的东西发声，不管我们和谁在一起。我们的选择可以通过这些方式塑造我们的世界。如果没有这些变化，我们就不可能找到应对气候变化或全球化等重大问题所需的系统性解决方案。

从内心改变开始，意味着更多地关注自己生活中那些导致不和谐、让我们无法与其他人找到共同点的行为。气候变化带来的真正问题不是我们向空气中排放了太多的碳——这个事实其实并不难补救——而是我们无法真诚地谈论向空气中排放太多的碳。问题不在于情况的内容，而在于背景。气候变化、枪支暴力、贸易全球化、城市交通等问题的解决方案比比皆是，但如果我们不能透过彼此的眼睛看世界，那么我们就无法真正解决问题。

当处于心流状态时，我们更容易透过他人的眼睛去看，因为我们不断地倾听，打开我们的思想，深刻地反思，并摆脱我们对他人言行的先入之见。我认为全球性的解决方案不是由个别领导人自上而下的行动方式产生的，而是需要一大批处于心流状态的人共同参与。他们在当地社区工作，牢记自己和其他人的最大利益。当这些解决方案运行良好时，这个网络可以毫不费力地将它们传播到其他社区。

当我们生活在心流状态时，我们可以在彼此的协同作用下过上令人满意的生活，追求幸福。通过调整自己的内心，而不是试图解决外部问题，我们可以以每个人都觉得被吸引的方式参与社会，共同解决全球问题。当我们的个人生活成为真实自我的表达时，我们会不由自主地成为一群能够为实际问题找到可行解决方案的人。但是，如果积聚象征性动量的第一步总是由你来决定，那么你该如何迈出这一步呢？如何在你关心的问题上有所作为呢？

你尽管往下跳

有一次，一个名叫马特的人乘船在河上漂流，他们的船停在一块礁石附近。人们从岩石上跳进水里，玩得很开心。马特犹豫了一

第四章　积聚动量

下，因为看起来下面有参差不齐的岩石，可能会被卷入危险的下游地区。当他向导游提到这一点时，导游说："你尽管往下跳，因为一旦你的脚碰到水，水流就会带你安全地到下游。"

马特立刻意识到他要做什么。他毫不犹豫地爬上岩石，跳进了水里。这还不够，他还一次又一次地从水里爬出来，又跳进去，沉浸在水流带来的兴奋之中。

从岩石上跳下去是在世界上采取大胆行动的隐喻。我们可能会因为害怕结果而退缩，但我们可以相信，河水的流动会带我们绕过岩石，生命的流动会带我们经历各种情况。我们有时可能会退缩，因为我们害怕自己无法成功。但是，如果我们的行动总是在积聚象征性动量，那么我们就有动力继续朝着我们想要创造的体验努力，即使我们觉得不可能实现。

有意义的历史选择就像一面镜子，反映了我们的信念。我们通过大脑中的过滤器做决定，也通过同样的过滤器解释世界的反应。以这种方式做出的决定不会考虑所有的选择，而是只考虑通过这个过滤器可以看到的选择。在遥远的过去，科罗拉多河蜿蜒流过后来成为美国西南部的地区时，有许多可能的路线。然而，最终它选择了一条特定的路线，直到它侵蚀了一条很深的水道，从而形成了大峡谷。随着时间的推移，我们的信念会像科罗拉多河一样深深地铭刻在我们的心中。

尽管我们的许多信念可能是由于某些经历的逐渐强化而产生的，但我们经常强烈地认为我们的信念是正确的，认为它们是理所当然的。我们往往会犯心理学家所说的确认偏误（又称验证性偏见）。认知科学家唐纳德·霍夫曼认为，从自然选择的角度来看，人类感知的进化不是基于它对实际情况的准确反映，而是基于它是如何使生物体适应生存的。所以很有可能我们的许多信念并不能代表事情的本来面目，尤其是当这些信念让我们感觉良好时。

有意义的历史选择可以在这个过程中发挥作用。我们最初的行动可能是由无意识的情感驱动的，它影响可能性之树上某些分权的重量，进而导致特定的有意义的体验。在这次体验的影响下，我们采取了另一个行动，而这可能会再次改变树权的重量。如果我们的过滤器是准确的，那就太好了。每一个后续行动都将变得更加有效，并更好地与环境相契合。

但我们感知中的任何错误都可能被放大。这种放大是因为树权的重量受到我们行为的影响。例如，当我们误解了家人对我们说的话时，我们往往不会通过控制所有的变量来科学地做出回应，以发现情况的真实本质。相反，因为受到情感的强烈影响，我们倾向于采取强化误解的行动，创造更强大的过滤器。

如果我们能像马特一样，放下恐惧，有足够的勇气纵身一跳，那么我们就能把我们的动量引向一个新的方向。我有这样一个难忘的经历：在我刚上高一的时候，我非常想和女孩交朋友，但我觉得自己没有吸引力，也很笨拙。我没有在午餐时去社交，而是去了几个街区外的游戏厅，沉迷于电子游戏中。几个月后，我奇迹般地意识到这并不是我想要的新学校的生活，我决定做出改变。

我开始偶尔留在学校吃午饭，冒点小风险与人交流，坐下来聊天，以此积聚动量。在我十几岁的时候，每天都有很多时间可以根据以前发生的事情来解释当前，我觉得没有人真正喜欢我，我被排斥在外。然而，我从一些互动中获得的积极感觉令人信服，让我勉强有足够的信心继续尝试。我保留着一种预期的"交朋友"的定性体验（这是一种复杂的情感体验，我不会试图去理清它）。我勉强有足够的勇气抓住了一些机会，在深陷自卑无法自拔之前，我慢慢地改变了方向。

努力得到了回报。在一个月内，我不仅有了我的第一个女朋友，而且开始了一段更重要的友谊——和那个最终成为我妻子和灵魂伴侣的女孩。那时，我对自己的信念具有很强的可塑性，我曾多次回想，如果我没有改变方向，会发生什么。今天我可能对自己有一套非常不同的信念。

我们每个人都必须做出的更深层次的选择会如何诠释我们的经历——是出于恐惧还是出于爱，而不是决定我们相信什么。恐惧限制了我们的视野，限制了我们的选择，而爱让我们对不同的解释保持开放，帮助我们通过别人的眼睛看事情。心理学家理查德·怀斯曼（Richard Wiseman）进行了一项关于运气的有趣研究，他发现，在很大程度上，人们是根据自己对生活中发生的事情的解释来创造自己的好运和厄运的。当我们出于恐惧而行动时，我们会用我们先入为主的观念来解释世界的反应，这从本质上限制了我们。我们的恐惧让我们更加封闭，更加恐惧，甚至可能为我们试图避免的事情积聚动量。

在我们遇到的任何情况下，总是会面临心生恐惧的可能性。因此，我认为我们需要学会在恐惧的想法出现时识别它们，而不是通过它们创造现实。我们恐惧的想法不是现实，但它们可以成为现实，特别是在有意义的历史选择的帮助下。如果发生了这种情况，那么我们可能会影响对自我实现的情况的选择，这些情况会为我们的信念提供证据，导致我们更加深陷其中，无法自拔。

找到合适的工作

"我在一直苦苦挣扎的公司工作了一整天之后的每天晚上，都在寻找我未来的职业。我急切地追求与我的职业目标不太相符的'折中机会'。经过一年多的苦苦寻找，我的想法从'选择最不坏的选择'转变为想象最积极的可能性。我安排了一个关于电机设计这一稀有领域的作品集展示，并在社交媒体上发布。在几周没有任何回应后，突然间，我收到了三个陌生电话，并且，我在一周的时间里将每个电话转换成现场面试。第三场面试——由于距离遥远，而且在全球范围内存在着大量的争议，对我来说是最没有吸引力的——结果让我得到了最好的也是唯一的一份工作。这个机会最有可能成功地发挥我的天赋，并体现出我要做出积极贡献的意图。我欣然接受了这个有回报的机会和责任，开发大量高质量的电动马达，以取代化石燃料运输，这超出了我自己的想象。我心态上的改变让我能够找到合适的机会。"（本故事由埃德加提供。）

我认为我们的工作就是把信念当作肌肉来对待，就像任何肌肉一样，信念也需要锻炼。这意味着锻炼我们选择信念的能力。我不是指选择不同事实的自由，也不是说带着幼稚的微笑去看事情的光明面。我的意思是决定我们选择相信哪一种想法。如果有意义的历史选择是正确的，那么这个决定就会产生特别重要的影响，因为我们的信念影响着流入我们生活的体验类型。

《道德经》上说："为学日益，为道日损，损之又损，以至于无为，无为而无不为。"

通过放弃先入之见，我们可以摆脱根深蒂固的循环，当合适的机会出现时，我们就可以更自由地去抓住它。

相信心流

认识到我们生活中的象征性动量——换句话说，对我们有意识地构建的环境保持警觉——可以对我们如何感知世界产生重大影响。这种意识可以让我们沉浸在意义的海洋中。它可以让我们有信心自己走在正确的道路上，即使在目前的情况下感觉并非如此。例如，在找工作时，我们采取的大多数行动都不会直接导致找到一份好工作，然而，我们可以放心的是，如果我们坚持下去，在这些"不成功的"活动上投入时间，就会为机会积聚动量，这些机会很可能从一些不相关的方向来到我们面前。

对尚未实现的事情抱有信心，我称之为"信念"，但信念并不一定是盲目的。象征性动量和共时性可以给我们一种既可解释又可测试的信念。如果有意义的历史选择是正确的，我认为它鼓励我们相信，我们预期和努力实现的体验最终将实现，尽管是以一种不可预测的方式。

这个信念的定义和宗教信仰之间有一些相似之处，我想知道这些共性是否能在科学世界观和精神世界观之间架起一座桥梁。例如，如果我们将祈祷视为一种内在的存在状态，在这种状态中，我们预期未来的定性体验，那么有意义的历史选择似乎与虔诚的宗教实践是兼容的。

这意味着这种性质的祈祷往往是无意识的。在此意义上，我们一直在祈祷，因为我们总是在预期我们希望或厌恶的定性体验。一个真诚地祷告的人是在有意识地进行这个过程，并寻求将它导向特定的结果。我们一直都在祈祷，因为在这个世界上，我们都在根据自己喜欢的结果来采取行动，无论是有意识的还是无意识的。

也许，祈祷似乎无法解决气候变化或恐怖主义等问题的原因之一是，在我的定义中，我们都在通过我们的行动不断祈祷。从这个角度来看，也许是我们的祈祷（通过我们的行动）使问题永久化。我们大多数的祈祷都是无意识的行为，与浪费的消费主义和竞争优势的循环相一致。因此，虽然我们用语言祈祷拯救地球，但只有通过我们的行动，有意义的历史选择才会得到动力，祈祷才会真正实现。

作为一名科学家，我担心即使是简单地提到"信仰"或"祈祷"这两个词，也会让我的一些读者愤怒地扔下这本书，我理解这种反应。我很熟悉科学和宗教之间的历史关系。我自己在科学方面会犯错误，在讨论信仰和祈祷时非常谨慎。

我是一个白人，在多种文化（包括瑜伽、佛教和道教传统）中长大。根据我对三者的了解，它们是"世界观"，甚至是"科学"，因为它们宣扬的不是某一位神灵，而是一种理解存在本质的方法。我的家中既有犹太传统，也有基督教传统，但它们的影响主要是文化性质的。我最喜欢的作家包括逊尼派穆斯林、苏菲派神秘主义者贾拉鲁丁·鲁米（Jalaluddin Rumi），天主教修士大卫·斯坦德尔－拉斯特（David Steindl-Rast）和物理学家理查德·费曼（Richard Feynman）。我对科学和宗教都有所了解，并从这两个领域汲取了那些与我内心的声音相契合的真理。在这样的背景下，我在讨论中没有宗教偏见，相反，我带着对理解的渴望而来。

让我担心的是，"信仰"这个词似乎已经成了宗教的同义词，这意味着信仰也仅限于宗教。但是，如果我不同意一个宗教信条，我是否就不得不得出这样的结论：我的精神体验是我的想象虚构出来的？拥有一种宗教就是拥有"一种信仰"，所以如果我选择不接受一种特定的宗教，这似乎意味着我也失去了一种信仰感。这个损失太大了！

科学家也有信仰。他们相信，即使当他们的研究看起来令人绝望地模糊时，科学的方法最终也会让事情变得更加清晰。在这方面，科学方法与宗教方法既相似又不同。对科学的信仰可以用因果定律来解释。原因可能会被隐藏起来，但科学家相信总有一个原因有待发现。科学信仰是对科学过程的信仰。宗教信仰也是对一个过程的信仰，但这个过程（据我所知，只是在某些情况下）被归因于一个不可知的神灵。

这两种观点能找到共同点吗？有意义的历史选择的含义是，当

第四章　积聚动量

我们迎接挑战时，很可能会出现有益的事件来帮我们应对挑战。例如，我和妻子最近需要找一个可以照看孩子的人，这样我们就可以去约会了，但我们通常依赖的保姆和家人都没有时间。有了适当的意图（预期的定性体验）和持续的行动来支持，我觉得有理由相信问题会以某种方式得到解决。我认为有意义的历史选择过程会让解决方案出现的可能性变大。然后丹娜想起和她剧团里的一个年轻女演员有过一次谈话，这个女演员和艾莉关系很好，虽然她通常不会照顾孩子，但她很高兴为艾莉破例一次。当然，这里的寓意可能更多的是要相信妻子，而不是共时性，但幸运的是，我对两者都有信心。

如果我的理论是正确的，那么有意义的历史选择是一个完全理性而又看不见的过程，它可以跨越宗教信仰和科学信仰之间的鸿沟。在某些教义中，宗教信仰要求我们降服于一种高深莫测的意识，这种意识比我们自身的意识更高，它可能最终控制我们生活中的事件。有意义的历史选择也通过我们生活中的事件影响我们，但是以一种可理解的方式。我们不需要放弃责任感，而是可以观察世界对我们的反应。我们可以利用生活的共时性来了解我们选择的有效性，而不是试图根据外在的价值观去做正确的事情。我们的存在方式如何影响我们所接受的体验呢？我们能否找到隐藏的模式，将我们的感觉、行为和体验联系起来呢？要做到这一点，需要高度的自我诚实。这就是我对信仰的理解。

当我听从妻子的建议为我刚出生的小侄女录制一张音乐 CD 的时候，我心中有信仰。我们一起进行的有目的的行动催化了一场有趣的客厅录音，有二十个家庭成员参与其中，并催生了一个可以长期保存的纪念品。

当我听从丹娜的建议，要飞到明尼阿波利斯去看我姐姐和她刚出生的孩子——尽管我有很多理由说服自己不要这么做，这时我心中同样有信仰。在同一个周末，我的父母也去看了我的妹妹，而丹娜为我们找到的出租单元刚好有一个台球桌和一大堆给孩子玩的游戏。在我妹妹生命中的这个特殊时刻，我们一群人在暴风雪的天气中在室内待了一整天，享受彼此的陪伴。这一切我怎么能够预见得到呢？只有在 LORRAX 过程中仔细倾听，并对生活事件的意义有信心，我们才能塑造这些经历。

相信我妻子的建议是进入心流状态并找到共时性的好方法。当她提出这些建议时，我把它们看作是特殊时刻，是道路的岔路口，是需要注意的信号。主要的障碍是克服我自己对这些道路的抗拒。一件事对我是否有意义，最终决定者是我自己。然而，我在生活中建立起来的信念、担忧和其他模式让我很难看清。通过遵循 LORRAX 过程，我可以不断地更好地进入与环境的宇宙之舞。我可以形成一种感觉，知道哪些情况可以实现，以及我必须怎样做才能让其实现。

我知道没有比"信仰"更好的词了。**信仰是一种虽然不知道所有的答案但是愿意踏入心流的状态。信仰是积极主动地参与到结果中，同时对比自身更大的环境保持开放的态度**。在这种类型的信仰中，我们带着一个计划出现，但同时也敞开胸怀接受恩典。

这种世界观意味着每一点能量都很重要。无论我们是否达到了既定目标，我们都可以相信，为达到目标而付出的努力正在推动我们前进。如果我们对继续努力感到气馁，信仰是我们可以采取的完全实际的步骤。如果我们内心反省并确定目标是我们真正想要的，那么了解有意义的历史选择可以激励我们继续积聚动量，即使是在之前失败的阴影下。**要有信心保持足够时间的动量去实现一个目的，这是我们的选择塑造世界的关键。**

要认真对待这一挑战，需要一种特殊的生存状态，而这种状态不是当今世界的常态。这是仅靠智力无法处理的。我们可以重新发现我们所有人内在的力量源泉，那就是我们内心的力量，它可以彻底改变我们的经历。

第五章

随心而活

正如我们所看到的,从有意义的历史选择的角度来看,每一个行动都有意义。有目的的行动是指其意义与一个连贯的意图相一致的行动。与其寻找生命的意义,我们不如寻求有意义的生活,或者最好是有目的的生活,把所有这些有意义的体验串联成一个连贯的故事。如何创造更有意义的体验呢?我们采取反映我们感情的大胆行动,以便产生独特而有趣的情况。采取大胆行动可能是可怕而困难的,但发自内心的生活可以帮助我们找到大胆行动的勇气,而这是一种我们许多人都不知道自己拥有的勇气。

共时性有利于创造更大的利益

我的朋友汤姆是一名老师,他曾经给我发了一封电子邮件,描述了他寻找人生道路的过程。一方面,汤姆觉得他应该献身于无私的事业,以牺牲自己的薪水为代价,关注他人的幸福。另一方面,他熟悉入不敷出的困难,想让自己在经济上获得成功。

他写道:"这两个极端似乎都不吸引人。然后我意识到,当我与我的最高利益相契合时,也会有益于他人和整个社会。可以找到这样一个最佳平衡点,让我的最大利益与所有人的最大利益相一致。"

有目的的生活就是要找到一个最佳平衡点,在这个平衡点上,我们做出的选择为自己和社会服务。有目的的生活就是要找到一个最佳平衡点,在这个平衡点上,我们做出的选择既能服务于我们自己,也能服务于社会。如果环顾四周,我们可能会相信这是一条非此即彼的道路,即要么做一个为更大的利益服务的人,要么做一个为自己的利益服务的人。许多职业就在这两个极点附近。

共时性给了我们另一种思考无私的方式。它不是基于整体(即我们选择的职业),而是基于我们每时每刻的行动(即职业生涯中的日常选择)。我们依然可以用可能性之树的概念来思考,我们的行为是仅仅为我们自己服务,还是同时也为我们周围的人服务。如果我们做了一些服务于社会的事情,其他人会发现它们是有帮助的,就很可能会来支持我们。这样一来,附近将有许多苹果,共时性将出现,以进一步推动我们沿着那个方向前进。我们的行动会引起其他人的回应,从而带来更多的信心和进一步的行动,动量就会积聚。另一方面,如果我们的行动与他人的利益背道而驰,那么附近就不会有很多苹果,回应我们的人会更少。我们所处的分权不会扩展到许多与我们的行动相关的分权,而行动的效果也会逐渐消失。服务于我们环境的行为会产生共鸣,并获得属于自己的生命。

最近我去听一个讲座,很明显,演讲者没有时间观念。主持人已经离开了,我们三百名观众只能任由演讲者摆布,而此时已经过了午餐时间十五分钟。我以组织者的身份参与其中,所以我觉得自己在某种程度上有义务来控制局势。然而,我怀疑自己这样做是否在为更大的群体服务。这是一种我应该努力塑造的情况吗?其他听众会为我的行动而感到高兴吗?他们会不会都沉浸在讲座之中呢?难道只有我一个人在座位上不安吗?随着越来越多的人自发地站起来离开,我的直觉告诉我,并非我一个人坐立不安。于是我举起手来，尽管他没有注意到我，我还是在观众席说："谢谢你的演讲，我认为很有趣。此外，时间已经到了，我们该去吃午饭了。"我尽可能表现得很友好，假设他是出于善意的，但同时也想促成一个变化。

如果我的行为与群体不一致，那么房间里很少有人会同意我的说法，他们的注意力很快就会从我这个小烦恼转移到演讲者身上。相反，对于大多数观众来说，我这句话正中下怀。观众席里立即响起了礼貌的掌声，这其实就是在对演讲者说"谢谢，再见！"。多数人迅速收拾好东西，站起来去吃午饭。事实证明，我的行为既自私又无私，对我自己和团队都有好处。这是心流状态的一个标志。

如果把它映射到可能性之树上会是什么样子呢？当房间里的任何人决定是留下还是离开时，就会产生一根分权。如果很少有人对结束演讲感兴趣，那么当我打断时，站起来离开的观众就会很少，代表这种情况的树权就会很少，附近的树权上苹果也会很少（见图14）。因为在上面的例子中，有那么多人在等待机会起身离开，所以出现了很多上面有代表着演讲结束的苹果的树权（见图15）。我所点燃的火花像野火一样燃烧，催化了一场其他人想要但不知道如何开始的变化。

我们可以宽泛地说，符合更大利益的行动与可能性之树产生了共鸣。在物理学中，以适当的共振频率注入系统的少量能量会产生非常大的影响。微波炉的工作原理是用和水有同样共振频率的微波照射食物，所以少量的辐射就可以对食物的温度产生很大的影响。同样，在特殊时刻朝着某个方向前进的一个小努力可以与可能性之树产生共鸣，并导致一个大的变化。

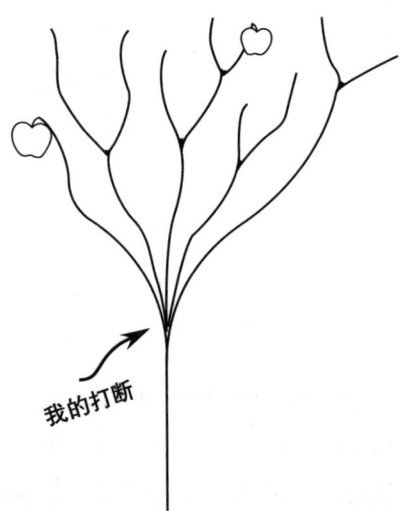

图 14：如果我的发言打断了演讲，但大多数人想要演讲继续下去，代表观众起身离开的树杈就不会多，大多数人会原地不动，继续听演讲者讲下去。苹果代表我所预期的演讲结束的体验，在这种情况下，代表我的行动所导致的结果的苹果并不多。这时可以说我的行动与集体的意图不一致。

图 15：如果我的打断与许多人的感受一致，那么代表许多观众起身离开的树杈就会有很多。这里的苹果代表了我要结束演讲的目标，在这种情况下，有很多方法可以实现这一目标。这时可以说，我的行动符合集体的意图。

这并不意味着服务于集体的意愿就一定是好事。暴民心态可能非常具有破坏性，与可能性之树产生共鸣也可能会产生负面影响。即使是在暴民场景中，也有这样一些特殊时刻，一个违背群体意志的人可能会唤醒暴民中个体的善良本性，并成为一种火花，给整个情况带来理智的因素。我们可以点燃产生建设性或破坏性共鸣的火花。有意义的历史选择过程不会区分这两者。要知道，我们是否与更大的利益一致，我们就必须培养我们的内在感觉，让头脑和心灵保持契合。这种契合是我们寻找更好地服务于社会的行动的指南。当这两种影响相辅相成时，就达到了和谐。

现在，我并不建议总是根据环境来验证我们的选择。这是一个滑坡谬误，我们可能会发现自己总是试图从这个世界得到积极的反馈，而不是与我们的目标保持一致。相反，我们可以注意到我们的行动是否得到了一些积极的回应。有时回应是直接的，比如一位女士在我打断了演讲之后向我道谢。有时回应是间接的，比如一个简单的事实，即观众的回应是正面的。或者，反馈可能只是我们内心更强大或更清晰的感觉。改变不一定太大。如果我们的行动源于我们的内心，它将增加世界上的爱。

回到我和汤姆的交流中，我给了他一个假设在街上遇到麦当娜的例子。如果我太害羞而不敢自我介绍，她或街上的人最多是匆匆瞥我一眼。但如果我自己演唱无伴奏版的《宛若处女》(*Like a Virgin*)，她可能会很开心，街上的人也会被吸引。这种大胆的举动可能会与人们渴望看到一些独特和令人兴奋的东西的渴望产生共鸣，就会出现许多代表有趣事件的分枝。也许每个人都会鼓掌喝彩，也许麦当娜会要我再唱一首，也许街上会有人邀请我去他们的咖啡馆表演。这些事件都是由我大胆地点燃的火花引起的。

汤姆给我回信说，起初他认为我关于麦当娜的例子有点可笑。在他收到我的电子邮件的第二天，他和妻子带着襁褓中的女儿第一次进行了户外散步。他们偏离了常规路线，最后在一家咖啡馆吃午饭。坐下来之后，汤姆发现音乐家卡洛斯·桑塔纳（Carlos Santana）就在几张桌子之外用餐。那一刻他觉得很幸运，我们的谈话又回到了他的脑海里。他想过让桑塔纳见见他的小女儿，但最终他说服自己，还是不要去打扰这位摇滚明星，这样对大家都好。

但真的是这样吗？机会一过，他马上开始后悔没有抓住时机。他看到了机会，却没能大胆走出自己的舒适区，去点燃火花。如果他抓住这个机会打声招呼，会不会出现一些同样有利于他人的分权呢？也许桑塔纳也有一个住得很远的小孙女，汤姆的女儿也许会让他欣慰地想起自己的孙女。或者，餐桌上的其他人有个和宝宝名字一样的朋友，那么一场有意义的谈话就会在他们的餐桌上展开。当然，当他的女儿大一点的时候，这将是一个很有意义的故事。如果汤姆听从了他内心的声音，有意义的历史选择可能会导致超出他有意识的预期的情况。共时性将我们联系在一起，并以意想不到的方式让每个人受益。这是大自然在提醒我们：我们都需要彼此。

但并不是每个人都能一直很大胆。难道我们注定要平庸和孤独吗？正是对这个问题的绝望让我发现了一种看待世界的新方式，那就是通过我内心的透镜。

一副新眼镜

点燃火花或走出舒适区的行为会让人感到害怕。鼓起勇气在公众场合与名人交谈是很难的。有时难度如此之大，以至于试图克服它是徒劳的。对我来说，大胆就像拳击中的连续猛攻。首先，我害怕，如果走出自己的舒适区——在这种情况下，是和名人交谈——

我会感到尴尬。但是如果我没有这样做，我就会感到很惭愧，因为我将永远没有勇气发挥我的潜能。我陷入了困境。这个痛苦的过程有多大可能让我做出有用的行动呢？这种特殊的困境可能并不适用于每个人，但受困于糟糕选择的普遍体验可能更熟悉。这可以归结为我们用来判断生活事件的框架。我将其称为自我的框架，它以默认的方式塑造了我们生活中的许多事件。

　　自我就像一副眼镜，用同样的滤镜来解释每一件事，用比较、分析和孤立来为我们的生活着色。当我们透过这副眼镜看世界时，生活似乎充满了相反的坏选择，就像汤姆决定是否把他的女儿介绍给桑塔纳。显然，他的选择要么是尴尬，要么是惭愧。但自我的眼镜并没有向我们展示唯一的、真正的现实，而只是展示了现实的一个版本，这个版本反映了眼镜自己的孤立过滤器。汤姆对桑塔纳会做何反应的想象可能是不准确的。当我们通过这个镜头看世界时，我们创造了一个孤立的现实。如果汤姆的行为是出于孤立，那么有意义的历史选择会带来让他感到孤立的经历。他可能想到了要去打招呼，但他犹豫了太久。突然，另一个人走过来和桑塔纳说话，这强化了汤姆的认识，即他不应该再去纠缠这位名人。自我不断地寻找支持其框架的证据，但由于它通过这个框架来看待世界，发生的一切都可以被视为孤立的证据。

一首寓意深刻的歌曲

　　"我正在做一些杂事，突然收音机里传来一首很久没听到的歌。听到一半时，我把车停好，进了一家商店。我对收银员说，他们一定和我听的是同一个电台，因为放的是同一首歌，而且是在同一段。收银员告诉我他们听的是预先录好的，所以这是个巧合。这引起了我的注意。我停了下来，更仔细地听着合唱。经过反思，我认为歌词中包含了一些我认为我那天需要听到的见解！"（本故事由茱莉亚·莫斯布里奇提供。）

我们可以戴上另一副眼镜，那就是心灵的透镜。**在法语中，"心灵"一词是"le coeur"，通过词源上的相似性可以看出，心灵是"勇气"之源，可以自然地消除我们的思想所带来的恐惧。心灵的策略是把注意力从我们所害怕的事情转移到我们所热爱的事情上来。**例如，照顾他的小女儿的感觉可以消除汤姆对尴尬的恐惧。在脑海中反复回想当时的情景，只会让他在他能看到的唯一选择——尴尬或惭愧之间更加纠结。通过将注意力转移到他对他幼小的女儿的爱，以及与她分享这段经历时的快乐上，他或许可以发挥自己的创造性，并且很自然地知道如何采取行动。当心灵专注于它所爱的东西时，围绕舒适区的整个对话就变得无关紧要了。

当我面对自己内心的冲突时，我学会了透过这副新的眼镜去看问题。尽管我已经花了几十年的时间试图克服对走出舒适区的恐惧，但这并没有变得更容易。我曾经确信，只要有足够的练习，我就能达到一个在家庭中畅所欲言或在公共场合表演的自然状态。然而，事实并非如此。每一个机会都会带来忧虑，就好像我没有从以前的经历中学到什么一样。

有一次，我被邀请去参加火人节（每年八月底到九月初在美国内华达州黑石沙漠举办的反传统狂欢节），但我拒绝了，因为这是我女儿在新学校的第一周，我想回家支持她。谢天谢地，这对她来说是一个很容易的过渡，我在周六意识到我可以赶上音乐节的最后一天。

那天早上早些时候，我在黑暗中踩到了眼镜，眼镜断成了两截。我在网上订购了一副新的眼镜，但发现自己暂时没有合适的眼镜。我的"滤镜"显然正在重建。

丹娜和我讨论了去参加火人节的决定。这不是一次轻松的谈话，因为这会对我的家庭产生重大影响。更重要的是，从我家到举办火人节的地点有六个小时的车程，并且我没有入场券。我相信有响应的宇宙会帮我解决这个问题，但到达沙漠却不被允许进入音乐节的风险让我感到畏惧。我努力克服对冒险的恐惧。第二层恐惧告诉我，如果你不相信宇宙能解决这个问题，那么你就没有按照自己的想法去生活。天哪！我的自我框架被压垮了。我试着坐着面对这个不可能的选择而不去做些什么。

在这种开放心态的状态下，我想起那天早上我计划去一个新的教堂，一个我想对其更加熟悉的精神中心。既然我还没有开车去火人节，那么我不妨穿过城镇去参加教堂的活动。于是我就这样做了，我在那里的经历永久地改变了我的看法。

作为一个白人，我开始意识到白人特权在我生活中的作用。这其中包括识别我从白人文化中继承来的行为模式——这些模式可能在外人看来很明显，但我自己经常看不到。我要去的教堂里黑人占多数。在那天早晨的布道中，牧师分享了通过心灵的过滤器看世界的心得。我把一些点联系起来，意识到整个社区的人似乎都是发自内心地生活着。这是我以前见过的特点，但现在我对它有了新的认识。

我观察到这位演讲者尽管身体有一些明显的缺陷，但他在分享他的信息时表现出了冷静、自信和决心。我觉得如果我像他这样把真实的自我袒露给听众，我可能会感到难为情。然而，我注意到，会众看到的正是真实的他，没有评判，也没有不耐烦。我还注意到，一个助手会毫不犹豫地从观众席里喊几声，或时不时地唱一段。他并没有在其中扮演特定的角色，而只是其中的一部分。我注意到许多会众很快就站起来，又跳又唱，在适当的时候自然地、轻松地表达自己。这与我长大的地方的人形成了鲜明的对比，在那里他们只是旁观者，而不是参与者。

我意识到这些人是通过他们的内心来看世界的。虽然我经常冒险站起来，真诚地跳舞或唱歌，但这总是来自我的头脑，所以我常常会问自己，这是合适的时间或地点吗？我现在明白了，当行动发自内心时，这个问题就变得毫无意义，因为这时孤立感和追求完美的痛苦会逐渐消失。

我有时会对以心灵为中心的人做出不明智的判断，认为他们粗心大意或不够认真。我曾经是一个乐队的领队，还是两个键盘乐器演奏者之一。乐队的十个人中大部分是黑人，包括另一个键盘手保罗。我觉得保罗有点古怪，我觉得自己比他弹得好。但后来乐队经理建议我向保罗学习，因为他有我更需要的东西，那就是感情。

我的判断来自一个有限的头脑视角，这暴露了我自己的孤立感和不足感。对于那些以心灵为中心的人来说，我的不安全感可能很明显。乐队里的其他人可能都清楚地看到了这一点，并为我的焦虑感到遗憾，但我没有看到。在努力把自己和保罗比较并抬高自己的过程中，我感到与这个集体脱节了。回顾那段经历，我最大的遗憾是错过了真正成为其中一员的机会，错过了感受彼此的联系、尊重和爱的机会。

然而，就在这一天，在这个精神团体中，我看到了行动中的心灵，并已准备好做出改变。这是我摆脱精神困境的唯一方法，因为我对火人节的决定已经让我陷入了精神瘫痪的境地。这天早上，我发现了一种新的看待世界的方式，在这种方式下，行动的勇气自然而然地产生了，我内心的挣扎也随之消失了。这是在邀请我用爱毫不费力地（虽然是无法预测地）塑造世界，而不是竭尽全力地推进我的方案。我唱歌、跳舞、社交，不为别人对我的看法而烦恼。我的心专注于喜悦，不再犹豫不决。

从这个新视角来看，我在许多与我共事或多年来成为朋友的黑人身上发现了这种以心灵为中心的特质。我认为我对白人文化和黑人文化的差异只了解了皮毛，我可能完全错了。对我来说，以心灵为中心的生活方式来自这样一种认识，即我试图在这个世界上"成功"的尝试已经变得徒劳无功。不管我怎么努力，我都无法到达我想去的地方，只会不断碰壁。这种"向悲伤敞开心扉"唤醒了我做自己的勇气，不管别人对我有什么期望。保持我的门面是没有用的，因为它是无效的。我终于感受到了祖卡夫（Gary Zukav，美国著名心理畅销书作家，著有《像物理学家一样思考》）这句话的力量："通往灵魂的道路是通过你的内心。"

白人特权的讽刺

我也一直在读白人作家黛比·欧文（Debbie Irving）的《一觉醒来成白人》（*Waking Up White*），这本书旨在帮助白人理解白人特权。我突然想到，也许系统性的压迫——黑人社区每天都在经历的事情——也会产生同样的效果，让人放下自己的脸面。对于美国社会中的许多黑人来说，他们的行为并不重要，因为白人对他们有偏见。黑人不得不接受白人永远无法准确理解他们的事实，而我们所生活的经济体系就是以怀疑的态度对待他们，而不管他们的个人品质如何。在我看来，这堵墙当然会让一个人说，在这个压迫的环境中，我要做最好的自己。

我从未成为系统性压迫的目标。我的白人特权让我相信，只要我继续努力，给正确的人留下好印象，按照他们对我的期望去做，那么我就能在这个世界上出人头地。我可以有更大的事业，赚更多的钱，变得更有名。正是这种态度让我陷在自己的头脑之中，试图超越和克服这个世界设定的外部标准。我从一位朋友那里了解到，对许多美国黑人来说，教堂是一个他们可以放下门面、释放因在白人至上的美国社会而引起的愤怒和羞辱的地方。高度的挫折感会产生相应的深度的表达。

作为一个白人，我很少受到如此沉重的压力，迫使我去发现自己到底是谁。我通常不会为了生存而挖掘自己的内心深处。我的白人特权让我相信我可以达到白人社会的标准。我没有敞开心扉与人沟通，而是孤立自己，试图征服世界。我向人们灌输我的信息，让他们知道它有多重要。但是从一种新的视角，我看到通过我的内心说话、表演和唱歌为我提供了一种不同的方式来真正与他人建立联系，使我的工作对我和他们都更有意义。

荒谬的是，我们的社会（其官方结构主要是由白人创造的）让我这个白人陷入了一种阻碍我前进的心理状态。保罗身上有一种我甚至无法识别的东西，但我们都能感觉到。我很清楚，我发挥自己真正潜力的能力反而受到了我从中受益的系统压迫的限制，这实在是一个悲剧性的讽刺。事实是，当一个群体受到压迫时，每个人都会感到痛苦。相反地，我们都可以从理解不同的人的经历中受益，不仅仅是以一种比你更神圣的同情方式，而是使我们自己变得完整。白人也会因为种族不平等而感到痛苦，就像男性会因为性别不平等而感到痛苦一样，尽管他们可能注意到了，也可能没有注意到。这是一种来自孤立的痛苦。在白人文化中存在着一股不安全感的暗流，同样在男性文化中也存在。我们掌握着控制权，所以我们必须保持有信心的假象，即使世界从根本上是不确定的。我们总是装出一副更加聪明的样子，我们生活在谎言中，无法体验真实的联系。无论是在种族方面，还是在其他方面，争取平等不仅是为了解放被压迫的人。解放压迫者的精神也很重要。

我很感激那个教堂里的人在我自己的真实表达之旅中提供的教导。那个星期晚些时候，我通过邮件收到了新的"眼镜"。

这和共时性有什么联系？这副新眼镜使我们的头脑与心灵相契合。我们心灵的感觉能够发现各种可能性，并选择相应的未来。例如，我可能会觉得我想从乐队学习一切我能学到的东西。可能性之树上结了好多苹果，在其中一根树杈上，保罗被雇来当第二个键盘手。但是，如果我脑子里的想法与这种感觉不一致，那么我可能会选择破坏这种体验的行动。我最终会和保罗陷入一场激烈竞争，我不会获得我想要的更深层次的联系体验。

当我们让头脑看到内心所看到的，让自我的选择与我们内心的意图相契合，有意义的历史选择可能会给我们带来有用的情况。**在我摆脱对于被人看到真实自我的恐惧的道路上，学会用我的心灵去观察是一个突破，使我更能踏入未知去体验共时性。**

无私的共时性

虽然对我来说，被别人看到真实的自我是一种重要的治愈，但矛盾的是，它让我更多地关注别人。这是一个良性循环，因为当我将注意力转移到别人身上时，我往往会吸引更多的共时性，而这对每个人都有利。

我听过一些心理自助老师建议，我们应该"去感受恐惧，无论如何都要去做"。透过我的旧眼镜，我得到的一个明确的信息是要征服恐惧。然而，透过心灵的透镜，还有一种更温和的方式。有时，我们可以通过与他人的挣扎相共鸣来找到勇气。我们是否注意到有人在退缩，害怕说出自己的想法或者勇敢地去争取？我们可以用我们的勇气为他们带来有意义的经历。关注他人的幸福会给我们一个好处，那就是我们的恐惧消失了。当我们为别人着想时，我们就不再担心自己。这就像另一个人给了我们一个脱颖而出的借口，或者至少有一个可以和我们站在一起的人。

最近我妈妈过来玩，我们约了在一家叫奶酪板的比萨店吃晚餐。在最后一刻，她带来了我的侄子基瓦，一位非常有才华的音乐家。他从5岁起就开始在公众场合表演，但现在14岁的他却忸怩了。当我走进餐厅时，我注意到一个小乐队正在演奏，按照我的惯例，我花了一点时间向乐队介绍我自己。乐队指挥邀请我在中场休息时演唱几首歌。我很高兴受到邀请，但也很紧张。我和家人坐下来，先享用了一些比萨，在与基瓦和我的女儿艾莉的交谈中，我了解到他们都愿意和我一起唱。突然间，我觉得放松多了——因为我有了一支乐队。至少，有人和我一起站在聚光灯下，这就使我自己的忧虑更容易忍受了。

中场休息时，孩子们对选歌有点紧张。我记得他们以前一起唱过辛迪·劳帕（Cyndi Lauper）的《真实色彩》（*True Colors*），所以我建议他们一起唱这首歌。两人大显身手，他们互换了歌词，并一起合唱："我看到你真实的色彩，所以我才爱你。"这对在场的每个人来说都是一个美妙的时刻，因为谁不喜欢看到可爱的孩子在餐馆的精彩表演呢？这是一种共生的交换：他们给了我一种使命感，而我为他们创造了聚光灯。

之后，我们坐下来吃完比萨。作为一个有抱负的音乐家，这次经历让我感到很满足。但这也表明在心流中生活对每个人都有好处。第二天，我又见到了妈妈，她向我讲述了背后的故事。我的哥哥一直想让基瓦去那家比萨店表演，他们很高兴他终于做到了。用我妈妈的话来说，"在斯凯叔叔铺平道路之前，这是不可能发生的"。

我经常担心会占用太多空间，这也许是因为我在两个不同的家庭中长大，有五个兄弟姐妹和五位父母。要学会大胆地踏入社交场合并非易事。但在这种情况下，我最终是在服务于比我自己更重要的东西——对我的侄子来说，这是一种变革性的经历。我当时是怎么知道的？通常情况下，我并不知道。我只是相信，只要我追随自己的心，真实地生活，我也在为更大的利益服务。

这就是我所说的依靠内在的认知来判断有意义的机会在哪里。当我的朋友汤姆说我的最大利益与所有人的最大利益可以有一个最佳平衡点时，他描述了共时性非常重要的一点：它似乎可以给我们自己以及我们周围的人的生活带来好处。如果我们想让世界变得更美好，让我们的生活更充实，共时性和心流是很好的方法。

一个简单的练习方法是，注意下一次你和一群人一起选择一家餐厅时发生的动态。这可能会出现来自饮食限制或对烹饪、位置、环境或成本有不同偏好的人的混合信息。然而，这个决定通常不是至关重要的，所以它给了我们一个机会来试验在倾听、开放、反思、释放和行动的 LORRAX 过程中表现出来的积极主动和被动接受之间的平衡。注意这样一个事实，有些特定选项可能一开始看起来并不好，但却可能带来很棒的体验。注意你怎样才能更好地倾听和反应，或者更明确地行动，让团队进入心流状态。我们可以问自己，在这种情况下需要什么？在这种情况下，我怎样才能创造更多的快乐、爱、笑声或建设性的能量？其他人受益，我们也受益。

当我们开始关注生活中的共时性和心流时，无论是通过 LORRAX 过程还是其他一些方法，我们可能会发现它们无处不在。以这种方式出现的经历注定会帮助我们成长，但不一定会带给我们想要的东西。我们越是接受参与心流和共时性的机会，就越会注意到我们有时会错过这些机会。这就导致了充裕的机会和错失的机会之间的矛盾关系。

各种好坏参半

我想抓住每一个机会，但我做不到。我发现要尽可能地生活在当下，尽可能地大胆，随时准备做可能带来有意义的情况的必要的事情，这些都是很难的。这种意识有时会让我感到焦虑。通过练习，我现在发现自己可以优雅地放下我错过的机会。从一个错失的机会中恢复过来，是为下一个机会做好准备的必要条件。为了放下并继续前进，我承认我因为失去而感到悲伤。我愿意告诉自己是什么恐惧让我裹足不前。我承认我所依恋的东西可能不会再回来了。

对于我们的灵魂来说，从错失的机会中恢复就像一种恢复性正义。恢复性正义通过以下四个步骤寻求受害者和犯罪者之间的和解：包容所有各方、与另一方相遇、弥补伤害和使各方重新融入其所在社会。真实地生活是一条灵魂正义之路。当我们错过了与目标一致的机会，我们就伤害了自己的灵魂。现在，我明白（我希望你也明白），一直满足灵魂的目的可能是不可行的。在这方面，我们总是会犯"错误"，所以我们可以对此保持谦逊，给自己一个喘息的机会。尽管如此，当我们错过一个机会时，恢复性正义的步骤可以帮助我们与我们灵魂的目的达成一致。

成为别人的共时性

为了庆祝我在曼谷的最后几天，我开始享受夜生活，这对我来说很不寻常。凌晨3点左右，我离开了一家俱乐部，离开了平时走惯了的道路，沿着一条空无一人的街道，想打一辆更便宜的出租车回家。当我离俱乐部相当远的时候，我听到身后传来笨拙的、不均匀的脚步声。我有点担心自己的安全，但当我转身时，我意识到我认出了那个人。那是我的一个朋友，在经历了可怕的一天之后，他正在跌跌撞撞地回家。他需要一个朋友，一个好的倾听者，神奇的是，因缘巧合让我出现在了那里。（本故事由大卫提供。）

第五章 随心而活

当我在领导一支乐队时，我的判断妨碍了我向保罗学习，妨碍了我与其他乐队成员的联系，这是我错失的一个与灵魂的目标相契合的机会。在自己内心恢复正义的第一步是对自己真实地说出错过的机会。这就把我的灵魂纳入对话之中，就好像它是情况中的利益相关者一样。我花了好几个月甚至几年的时间才意识到我的态度是我和保罗之间问题的一部分。

当我真诚地思考为什么我错过了这个机会时，我放下所有的防御，坦然面对自己的灵魂。对自己诚实能让我从这段经历中成长，这样我就能做好准备，在未来类似情况出现时采取不同的行动。在与保罗和乐队打交道时，我很难意识到自己在和与自己不同的人相处方面的局限。我终于意识到自己失去了一个机会时，我对这次经历感到了真正的悲伤。这让我能够重新去了解对自己来说什么是真正重要的，从而做出弥补，这样我可以在未来做得更好。最后，我抬起头来，寻找下一个机会，重新融入社会。

这里要澄清一下，我这里说的是与我自己的恢复性正义，而不是和保罗或乐队。我是否选择在外部世界纠正过去的错误是另一个问题，但内在恢复性正义的过程可以帮助我们回到自己生活的心流状态。

作为一个整体，我们比任何一个渴望的机会都要大。当我们专注于用我们的目标或灵魂进行弥补时，我们会看到更多的机会正在到来。回应性的宇宙是一个富足的宇宙。宇宙给我们带来有意义的环境的过程是无止境的，也无法阻止。这一事实的阴暗面是，在一个独特的机会像雪花一样从天空中飘落的宇宙中，你不可能将机会全部都抓住。我们只要抓住我们能够抓住的，剩下的就让它们像鲜花一样落在地上。它们不是我们能拥有的，它们的丰富性告诉我们什么是无常。每一种情况都涉及得与失、喜与悲。如果生活不仅仅是面包或退休金的问题，而是要认识和管理各种各样的福分呢？当我们不能抓住所有的机会时，不要过于自责，只有这样，人生才会为我们提供更多的机会。

有些人觉得共时性的生活只是一种盲目乐观的态度。这个世界充满了可疑的情况，所以从这个世界寻求有用的指导似乎是一厢情愿的想法。但是有反应的宇宙并不是友好的宇宙，而是一面镜子。目标是找到内在的目的，而不是得到我们想要的。当我们有目标地生活时，我们可能会获得金钱和权力，但这些只有在为我们的目标服务时才有用。否则，它们就只会让你分心。共时性的生活就是以同样的态度来迎接看似积极或看似消极的经历。一切都是一面镜子，因此，只有在一个经历能够让我们对自己有更深入了解的时候，我们才对其感兴趣。

共时性的生活并不意味着困难不会出现。在过去的几年里，我经历了一系列困难的事件，这些事件似乎在我所住的房子里重复发生，其中一件在第二章中已经提及。处理这些事件迫使我培养我觉得很难获得和掌握的技能。这些令人烦恼的经历与那些更积极的例子一样是共时性的。

共时性反映了我们灵魂的状况。它们既反映了我们内心真实的情感体验，也反映了我们做出的理智选择。我认为共时性不是在公园里散步，而是在山口上导航。即使身处危险的山口，我们也能找到巨大的快乐，但如果我们说服自己，回应性的宇宙就像在公园里散步，我们可能会被意想不到的麻烦打个措手不及。因此，一个共时性的心态会让我们注意好坏参半的机会。我们尽可能去抓住那些可以抓住的机会，并优雅地放弃其他的机会。只有这样，我们才能如释重负。有时我们抓住生命不放，把它当作一件要紧紧抓住不能放手的东西，在我死后展示给别人（甚至是上帝）："看！看看我做了什么！"但作为体验的催化剂，而不是拥有它们的人，我只能捕捉到几片雪花，真正欣赏它们的美丽。对于丰富性所带来的惊奇和失去它所导致的悲伤，我感到一种苦乐参半的喜悦。

惊奇和敬畏是对这种好坏参半的丰富性的自然反应，也是当我们意识到自己错过了一个机会时回到心流状态的好方法。心理学家报告说，敬畏有许多有益的影响，可以让人变得更加慷慨，更少持有权利意识，做出道德决策，愿意助人为乐，更加有耐心，更加谦逊。研究人员克里斯蒂娜·阿门塔（Christina Armenta）和她的同事们表示，敬畏会在"幸福和积极的生活结果之间形成一个上升的螺旋"。如果有意义的历史选择是一个正确的观点，那么它将通过放大有意义的经历的可能性，增强这种上升的螺旋。

在《钟形罩》(The Bell Jar)中，西尔维娅·普拉斯（Sylvia Plath）描述了可能性之树所提供的有限丰富性：

> 我看到我的人生在我面前展开，就像故事里那棵绿色的无花果树。一个美好的未来，就像一个紫色的无花果，从每一根枝头向我招手示意。一个无花果是丈夫、幸福的家庭和孩子，一个无花果是一位著名的诗人，一个无花果是一位才华横溢的教授，一个无花果是伊吉（Ee Gee，一位了不起的编辑），一个无花果是欧洲、非洲和南美洲，一个无花果是康斯坦丁、苏格拉底、阿提拉，还有一群名字古怪、职业古怪的恋人，还有一个无花果是奥运会女子赛艇冠军。除了这些无花果之外，还有许多我看不太清楚的无花果。我看见自己坐在无花果树的树杈上，快要饿死了，只是因为我拿不定主意该选哪一个。我哪一个都想要，但选了一个就意味着失去其余的。当我坐在那里拿不定主意时，无花果开始起皱变黑，一个接一个地落在我脚边的地上。

要想在一个丰富的宇宙中茁壮成长，我们必须要承受失去带来的悲伤，因为朝一个方向发展的机会往往会阻碍朝另一个方向的发展。汤姆先前在事业之间选择的困境是有道理的，因为他不可能样样都称心如意。生活在一个丰富的宇宙中的美好之处——也是喜忧参半之处——在于得到与失去同样丰富。我们的选择似乎要么是没有输赢的舒适但平庸的生活，要么是充满了欢乐和悲伤的多彩生活。根据我的经验，只追求舒适会让人内心空虚。我认为，在内心深处，我们渴望充满活力地生活。我们想要体验回应性的宇宙给予我们的一切馈赠。

但是宇宙真的很丰富吗？有时候确实感觉不丰富，但为什么会这样呢？为什么有时感觉我们必须为一切美好而奋斗？为什么我们会受到这样一种严格的制约，一方面要挣足够多的钱，一方面要有足够多的自由时间？这些制约是真实的。富足不是让果实落在我们的膝盖上，而是让我们身处一个果园，周围有水果，我们可以采摘。并不是我们每个人都拥有同样的果实，但我们都有机会改善我们的现状。对我来说，某一天我能得到的果实可能只是找到早上起床的力量，而另一天可能是在世界领导人的集会上发表演讲。

有了对我们当前制约因素的真实和准确的了解，我们就可以播下种子，点燃火花，让我们无论身在何处都能保持共时性。但我们不能把整个果园里的果实收为己有。我们可能只能摘一两个果实。这就足够了吗？

我想是的。把所有的事情都看成是好坏参半的，即使在困难的情况下，我们也能看到其中的意义。与其试图避免问题，不如我们让自己沉浸在目标的共时性海洋中。宇宙的反应是一种相互关系。它提供了满足和成长的部分潜力。然而，首先我们必须播下种子，确定方向。在这些潜能出现后，我们必须站起来，找个凳子，开始采摘好坏参半的果实。回应性的宇宙总是在第二步，但第一步和最后一步落在我们自己身上。

我们怎样才能有勇气和力量去找到那个凳子并不断伸手去够果

实呢？回应性的宇宙带给我们的失望可能是心流生活的一大障碍。这个果实够吗？其他人似乎总是比我们挣得多，更有成就。无论是世界，还是生活，都不会像广告里描绘的那样美好。契克森米哈赖写道："每当我们的一些需求暂时得到满足时，我们就会立即开始，希望得到更多。这种长期的不满阻碍了满足。"那么，我们要如何克服期待的障碍，将生活中的喜忧参半视为共时性呢？

感　恩

感恩是创造更多共时性和进入心流的强大工具。我发现，如果我心存感激，自己就更有可能接受生活中出现的机会，因为感激降低了我的期望，打开了我的眼界。在感恩的状态下，我更有可能看到眼前的心流。

有时很难感受到感激的一个原因是，它涉及悲伤。在上一节中，我们讨论了悲伤是保持心流状态的必要条件，这与感激有关。根据我的经验，当我不能让自己为失去的东西感到悲伤时，就很难心存感激。感恩源于悲伤。感恩是这样一种情感，我看到自己失去了什么，也看到了我还拥有什么。对我来说，感激来自这样一种认识，即永远有跌落的空间，永远有更多的失去。保留生命中真正重要的东西需要重新调整优先级。

相信那个冲动

我的父亲被诊断出患有肺癌，当时我住在离他很远的地方。我讨厌离他这么远，于是计划过一段时间请假去陪陪他。随着日期的临近，虽然父亲的治疗已经成为例行公事，但我有一种奇怪的感觉，觉得我应该早点回去，所以我把航班提前了一个星期。我去看他的第二天，他就因败血症住院了。一天后，他走了。如果我没有信任这种感觉，当他离开这个世界时，我就不会在他身边。（本故事由米歇尔提供。）

人们正在研究悲伤等负面情绪是如何成为强大的激励因素的。基于他们对感恩的积极影响方面的研究，阿门塔和同事们指出，未来的研究应该探索"伴随感恩的负面情绪可能会以其独特的方式促进积极行动的动机。例如，在反思父母或导师对他们的支持后，挥之不去的愧疚感或负债感（只要不是长期的或压倒性的）可能会点燃洗心革面的火花，促使个人更努力工作或成为更好的人"。失去机会的痛苦能让我们感激我们所拥有的，并激励我们在下次机会出现时以更大的勇气采取行动。

2010年，我申请在亚利桑那州图森的意识科学会议上做演讲。我真的很想得到一个演讲的机会，这样我就可以和更多的观众讨论我的研究。我的主要动机是要分享我的研究成果，这样，它（和我）就可以被人欣赏，但我更深层次的动机是我的孤立感。我觉得自己必须努力说服别人以我的方式来看待事物，我需要他们走出自己的躯壳，走进我的躯壳。

然而，会议组织者注意到了我是个音乐家，于是让我在会议上安排一个晚上的娱乐活动。这不是我想要的。我想让别人看到我的研究成果，却得到了一个让别人看到我的艺术的机会。有心栽花花不开，无心插柳柳成荫。在一个有反应的宇宙里，我所种下的种子不是具体的需求本身，而是我灵魂之爱的隐喻性表达。宇宙并不回应我想要的特定体验，而是回应我内心所寻求的象征性体验。

我接受了她的挑战，从那以后，我每年都成为志愿者团队的固

第五章　随心而活

定成员。这段经历给我带来了许多宝贵的新朋友、新同事和新关系，我甚至通过其中一个关系获得了一份工作。

感恩不是我对生活的默认反应。我经常从个人需要的角度来看待问题。在"我得到我想要的"这一过程中，我不知不觉地把别人当成了配角。有时我觉得有一处鸿沟要填补，我认为我有权获得某些体验。当我觉得自己有这种权利时，会错过什么呢？我想成为一名演讲者的愿望几乎让我忽视了我被提供的那个很棒的机会。我必须深入审视自己的内心，问自己是否在把自己和项目中的其他人进行比较，这样我才能对自己的成就感到满意。

如果我对自己诚实，就会认识到，我对在会议上发言的渴望只是表面。我可以把它剥开，看到下面更重要的东西。感激之情让我意识到，会议组织者欣赏我的一些特别之处。通过感激这一点，我才能够睁开眼睛看到那一刻宇宙所提供的东西。在我对被人欣赏的渴望之下，隐藏着我对被接纳的渴望。作为组织团队中不可或缺的一员，我得到了归属感。我没有得到我认为我想要的东西，但经过反思，我意识到我想要的就是我实际得到的东西。

不是一切皆有可能。共时性通常不会以我们希望的方式解决问题。要想体验更多的共时性，就要练习看到宇宙所提供的东西。回应性的宇宙往往会给我们带来反映我们最深层价值的体验，但是，当我们只意识到我们的表层需求时，情况可能会显得格格不入。这可能会形成一个负面的反馈循环。例如，由于没有获得发言机会而感到沮丧，我可能会采取与组织者疏远的行动，这将破坏未来潜在的共时性。尽管我现在很失望，但未来的可能性之树上还有很多分权会令我非常满意。如果我对这种情况处理不当，可能会把这些代表未来可能性的分权砍掉（见图16）。相反，感恩的态度可以打开我的眼界和内心，大量好坏参半的机会可能就在附近，但还没有出现在可能性之树上（见图17）。

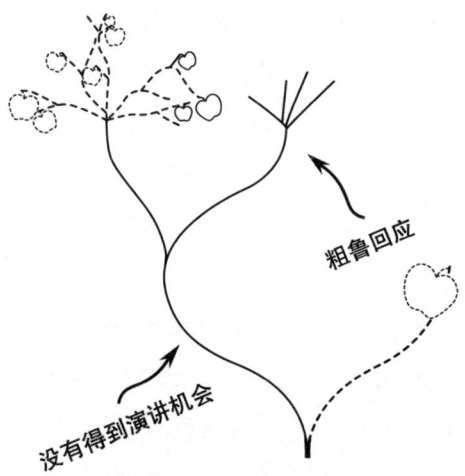

图16：如果我出于对错失右边的苹果的失望而粗鲁地回应组织者，有意义的历史选择就不可能创造一个未来的机会让我能够与他们交往。我就会砍掉所有（最左边的）有苹果的树枝，而这些苹果代表未来可能出现的情况，即他们会打电话给我的。在所有剩下的分枝（中间）上，即使出现了一个好的机会，我们所拥有的消极互动也会影响他们对我的看法，导致他们不会给我打电话。这些分枝上没有苹果。

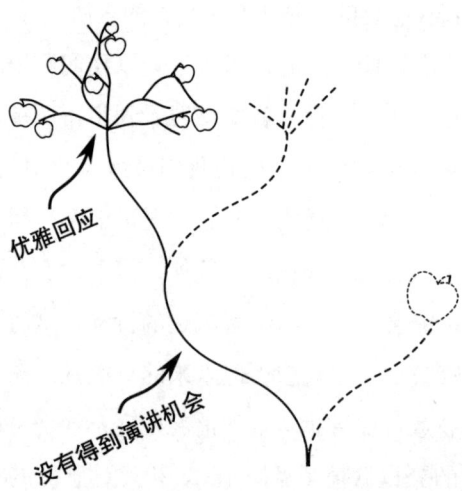

图17：如果我对一个令人失望的情况（左边的树枝）做出了优雅的回应，虽然我错过了右边树枝上的苹果，却可以得到一个有很多未来苹果的树枝。

感恩是发现我们内心真正想要的东西。我们可能必须深入挖掘，才能认识到什么是多余的，然后优先考虑真正重要的东西。感恩能让我们忽略那些我们可能会习惯性抱怨的小事情，从而达到真正的满足心灵的体验。洗衣机坏了；没有晚餐所需要的原料；约会被取消了；孩子把饮料洒在沙发上了。那又怎么样呢？如果我们分析这些事件的实际后果，并将其与宇宙告诉我们的真正重要的事情相比较，我们就可以放下那些其实无足轻重的事情。我们的注意力可以转向那些以最重要的方式推动我们生活前进的事件。

如果你为小事烦恼，那可能是因为你对自己的目标不够专注。在你的生活中，有没有什么是你抱怨的但是对你的人生道路无足轻重的事情呢？如果有的话，把你的注意力转移回你最真实的目标如何？你会忘记那些小烦恼吗？你的精力恢复了吗？

第六章

心流的真实性

在成年后的大部分时间里，我都把感恩理解为一种我必须强迫自己采取的态度。我不得不克服失望的感觉，对自己说一些荒谬的话，比如"我很感激没有收到活动组织者的回复，因为这将迫使我改进我的营销材料"，或者"谢天谢地，我错过了今天早上的公交车，因为这将教会我对生活更有耐心"。感恩常常让我感到不真实，所以它没有成为我日常生活的一部分。这是我的大脑为了掩盖更真实的感受而说的话，这种感受就是懊恼。

如果我强迫自己成为一个更好、更有自知之明的人，我能感受到更多的感激吗？尽管我发现更强的自知之明能提高我的生活质量，但这并不意味着我愿意坐上山顶或在洞穴里冥想数年，以便让自己变得有自知之明。如果真的需要那样做的话，算了吧，我还是充分利用现有的一切吧。我必须在我现有的情况下找到我的启蒙之路，对我来说，这些情况包括事业、婚姻、养育子女和享受生活。

生活在心流中与其说是关于我做了什么，不如说是关于我是谁。意识到我是谁就是要进入我自己的自然节奏。这需要一些非常简单但又非常困难的东西，它更像是一条人生道路，而不是一步一步的清单。我需要找回真实的自我。我认为我们每个人都可以从自己的生活中唤醒自己的自然节奏，而不是退出生活。当我们找到生活的自然节奏时，感恩和心流的其他好处就会来得更容易。

走一条真实自我的道路意味着我的选择基于什么真正适合我，

而不是别人认为我应该做什么。把选择建立在真正的需求和感觉的基础上，这并不意味着我们可以自私或自恋。如果丹娜想去野营，而我想去迪士尼乐园，出于我对她的爱，我可能会依着她，让她过得开心。我会选择去野营，因为我发自内心地想给我的家庭带来更多的欢乐，即使这不是我个人的首选。真实并不一定意味着非要按我的方式行事，但它确实意味着要知道我想要什么，诚实对待它，并有意识地做出选择。

如果你处在一个有影响力的位置，无论是在商业、政治和教育，还是其他方面，我想说的是：待在那里！这个角色需要在那里，而不是需要你坐在山顶上盘腿打坐。当我们谈到自我认识时，这意味着做真实的自己。如果你的真实自我被埋在许多层瓦砾之下，这可能会是一个挑战。这些瓦砾可能会以自动反应和习得性情绪反应的形式出现，使你通过一个扭曲的镜头来看待情况。如果你能清除这些瓦砾，可能会发现一副新的眼镜。

找到真实的自己

你的真实自我就是在没有任何其他因素来说服你应如何做时的自己。可以这样想：当你发现你习惯性的恐惧并消除它们时，你真实的自我就出现了。我们可以把这些习惯性的恐惧称为"自我习惯"（ego habits）。例如，在工作或学校的会议上，即使你有真心话想说，你也会怀疑自己而不举手吗？如果是这样的话，我认为这是你长期以来养成的自我习惯，也许是因为它能让你感到安全。

自我习惯通常源于某种恐惧。也许是害怕因为说错话而被解雇，也许是害怕挂科，害怕被嘲笑，或者害怕被认为是骗子。这些类型的恐惧阻碍了我们很多人做自己。并非所有的恐惧都是这

第六章 心流的真实性

样的,有些恐惧实际上相当有用。我喜欢区分阻碍我们前进的假想恐惧和推动我们前进的有用恐惧。例如,错过出版期限的恐惧就是一种推动我前进的恐惧。这是一种对现实中可能会发生的事情的恐惧。对我来说,这是一种有益的恐惧,因为它给我能量,让我克服阻力,坐下来工作。这种恐惧最终会带来一个积极的结果,即完成我的书稿。相比之下,自我习惯是对可能永远不会发生的事情的假想恐惧,它们常常导致隐藏真实自我的行为方式。害怕在工作会议上举手可能源于确实发生过的童年经历。然而,大多数在专业场合举手发言的成年人并不会被嘲笑或解雇。

你可以尝试以下练习。注意当恐惧阻止你做某事的时候。然后,如果你无论如何都鼓足勇气去完成了这件事,回头看看,看看你的恐惧是否成真。如果你的恐惧没有成真,这就是一个改变自己的机会。闭上眼睛,想象自己回到恐惧和担心的时刻。让这种感觉回到你的骨子里,允许自己去感受它。然后提醒自己这一切都没有发生。通过将发自内心的恐惧情绪与事实上没有发生问题的新认识相结合,你有机会重新训练你的身体,让它在下次恐惧情绪发生时反应不要那么强烈。

我鼓励你多做几次,然后把结果记下来。坚持练习,并记录结果。随着时间的推移,你可以建立一套新的证据,让你认识到你的恐惧想法并不总是能够准确地预测未来。在这方面,祖卡夫提出了警告:"当你选择挑战并释放自己的消极一面时,这一面就会凸显出来。"换句话说,有意义的历史选择可能会给你带来很多机会来实践你新的生活方式。

变得真实需要控制我们的思想,这样我们就不会自动地服从我们的自我习惯。我们真实的自我知道该做什么。当我们不再被迫遵循自我习惯时,它就会出现。以这种方式更好地控制自己的思想就是我们所说的正念。谁愿意任由被自己头脑中的反应摆布呢?谁愿意放弃对自己选择的控制权呢？正念并不意味着我们不去听从谨慎或怀疑的声音，但我们不再觉得我们必须按照它告诉我们的去做。我们知道有选择的余地。自我意识和正念的结果是清楚地认识我们的动机，这样我们就可以做出从长远来看对我们有益的选择。当我们这样做的时候，真实的自我就会重现。

即使我们越来越意识到我们真实的欲望，自我也永远不会消失。不过没关系，我们需要自我的建议。只要我们有注意或不注意它们的自由，恐惧的信息就可以对我们有用。自我修复的方法是列出一系列"改进自己"的技巧，少做"这个"，多做"那个"。这将是一项艰苦的工作——至少对我来说有时是这样——但它是如此无聊。

也许你能都去参加

在读研究生期间，我们系曾计划在天文台过夜露营。虽然我喜欢露营，也想和同学们交流，但我住的地方离学校有两个多小时的路程，所以我觉得我去不了。出发前一周，一位朋友向我追问这个问题，于是我问天文台在哪里。结果发现它离我家只有几分钟的路程。遗憾的是，我女儿第二天早上要参加一个生日派对。于是我查看了她的请柬，看看派对在哪里举行，结果发现生日派对就在同一个地方。我参加了这两个活动，甚至不需要动用车子。

你看，真实的自己很酷。真实的生活并不是枯燥的分析和批评练习（尽管有时这些东西是需要的，以便从一层一层的废话中剥离出来）。你的真实自我是生活中大多数人看到后都会羡慕的。它是由你真正喜欢的东西和你真正体现的个性特征组成的。当你不去想

第六章 心流的真实性

别人怎么看你的时候，你才是真正的你。真实就是做真实的你，没有任何掺杂的成分。由于我们都在寻求表达真实的自我，我们往往会被那些表达真实自我的人所吸引。这就是为什么我们喜欢摇滚明星、演员或作家。我们越是表现出真实，我们就越像摇滚明星。

你真实的自我是黑暗的、危险的、令人恶心的吗？如果释放出真实的自我，会不会不合适或有破坏性？我不这么认为。我相信，如果你剥掉一层层不真实的伪装，你会更清楚地了解什么是最本质的。这不是一种无休止地陷入压抑的弗洛伊德式性欲的堕落，或者至少没有必要挖掘那么远才能找到真实的自我。在你的内心深处有一个充满活力的人格。当你找到这个真实的人格时，你就可以停止挖掘，只是做自己。你不用再思考如何融入，而是清楚地了解什么对你真正重要，并从这种理解中流淌出一种明确的目标感。真实的你会欣赏社会规则，在这个世界上正常运转，为了追求你的目标顺时而动。当然，这个世界并不完美，但真实的你并不介意在小事上做出妥协。你真实的自我不会对世界上每一件它认为不对的小事都大吵大闹，但它会在重要的地方掀起波澜。真实的自我知道它相信什么，并且敢于大声说出来。

这就是为什么这个世界需要你的真实。这就是为什么，作为商业、公共服务、教育、学术界和其他领域的领导者，我们都需要发现一层一层的自我习惯，选择做我们真实的自我。一旦我们的自我习惯不再作秀，我们真实的风格就会自然地显现出来，我们创造不可思议的体验和解决重要问题的能力就会开花结果。真实的自我不会搞破坏，也不会幼稚，而是会欣赏他人，对生活中的小事情心存感激。感恩的产生是因为我们真实的自我专注于对我们真正重要的事情，可能是改变了某人的生活，或者与一群人建立了真正的联系，而任何诸如错过公交车之类的小烦恼都消失得无影无踪。

真实性并不意味着成为一个更好的倾听者（这不是如果你足

够努力完善自己就能成为的那种人），或更好地处理人际关系问题（这不是你需要培养的技能）。你就是你，没有任何伪装和掩盖。通向真实自我的道路对你来说是独一无二的，这是它的定义性特征。尽管每条道路都是独一无二的，但还是有一些实践可以帮助我们翻开瓦砾，找到真实的自我。我将在下面描述其中几个。

为你真正想要的东西腾出空间

区分我们的渴望和那些深深召唤我们的东西是很重要的。当有人问你要不要甜甜圈时，也许克制一下是件好事（至少大多数时候是这样）。但如果有人问："你想周六带孩子和我们一起去玩滑水道吗？"你想到的回答可能是"听起来不错，但我已经安排了周六为纳税申报员整理材料"，但这可能不是你真正想要的。

我们真实的自我知道它想要什么。然而，我们中的许多人已经习惯于负责任，选择我们不想要的东西，而不是那些深深召唤我们的东西。这就是甜甜圈和滑水道的区别。和孩子们一起去玩滑水道会给你带来难以置信的体验，你可能会永远记得，但到了明天早上，你就会忘记甜甜圈了。选择满足真实的自己想要的，会让我们在生活的其他地方变得更强大、更有效，因为这些体验会给我们充电。

你或许会说，税务问题也很重要。心流不是非此即彼，要让共时性来引导你。通过选择一种真正有益的体验，你正在与世界保持一致，并相信世界会与你保持一致。也许你会发现第二天你的某项工作突然取消了，这样你就有足够的时间来处理你的税务。也许最后你会发现，你为交税所做的详细计算是不必要的。在错过带孩子去玩滑水道的机会后，你会发现这是多么令人沮丧的事情啊！关键是你不能提前知道。有了心流，你就不再担心自己处于掌控之中，而是学会倾听真实的自我，相信无论你选择哪条路，解决问题的机会总会出现。

如何倾听真实的自我真正想要的东西呢？康姆斯（Combs）和霍兰德（Holland）说："玩耍会带来关于无意识的希望、恐惧和激情的洞见。在这样做的过程中，玩耍将我们从我们不理解的动机的冲动中解放出来。出于无意识动机的行为不是真正的玩耍，而是被一个原型所占有，因此被自我压倒，这是一种危险的心理盲视。"如果我们总是选择先完成好自己的责任，而错过了生活中的快乐，那我们就不是处于心流状态。这就是康姆斯和霍兰德所说的"无意识动机"，虽然我们可能觉得这样的决定理直气壮，但因为我们没有处于心流状态，我们可能会给自己或他人带来痛苦或遗憾。然而，如果我们总是逃避责任，去追求当下最快乐的事情，这也不是心流状态下的生活。只有当我们让自己玩耍时，我们的内在认知才会告诉我们在每个独特的时刻哪一个选择是正确的。

随流而动，重新开始

母亲去世后，我感到很茫然。两年前我为了照顾她辞掉了工作，我问上帝：'现在怎么办？'我想要重新开始。我走进一家书店，偶遇一位老相识，她是一家妇女戒酒戒毒中心的负责人。我把我的情况告诉了她，她说：'来为我工作吧。'于是我就去了，我发现我有天生的咨询技巧。这份工作让我重返校园，获得了咨询证书，并让咨询成为我热爱的职业。（本故事提供者匿名。）

"玩耍"并不一定意味着愚蠢和自发。找到我们真正想要的东西的一种方法——把甜甜圈、滑水道和报税区分开来——是屏蔽掉分心的事物。安静、反思的时间让预先设定的反应消失，这样我们就可以听到究竟是什么在召唤我们。然而，这并不需要通过冥想来进行。我们可以在通勤路上练习（研究已经表明了有意识地利用通勤时间的好处），或者在陪孩子参加体育锻炼时练习。要做到这一点，首先要关掉收音机或手机，走到无人干扰的地方，最重要的是，不要让你的思想走神到无意义的话题上。慢慢地聚焦于你最近的经历。反思一下你说过的话和做过的事，注意一下你对事情的下意识反应。也许你在想接受的时候却拒绝了，反之亦然。这些可能是你真实自我隐藏在哪里的线索，是你生活中没有为你真正想要的东西腾出空间的地方。只要专注于生活中有意义的问题，就能开启隐藏的可能性。

这种能力被称为"自我控制特质"（trait self-control），**研究表明，那些拥有自我控制特质的人可能会带来更大的幸福感和生活满意度**。2009 年的一天，我行驶在一条乡间小路上，准备回家，突然产生了一种醍醐灌顶的感觉，这种感觉让我理解了"追溯事件确定"（retroactive event determination），这是我形成关于共时性想法的一个主要因素（将在下一章讨论）。我仍然能够准确地描绘出当时所看到的一切，我看着周围的风景，突然意识到，我在那一刻所看到的一切——小山、草地、树木——是我所能断言的全部，而世界上其他地方的任何东西我都无法接触到。

这一见解极大地影响了我后续研究的展开。我想，如果我当时开着收音机，或者满脑子想着老板那天在工作时对我说的话，我就不会想到这一点。这之所以能够发生，是因为我正利用通勤时间专心于对物理学的思考。当然，你可能会觉得这样的事情非常无聊，但对我来说，这是一段愉快的经历。你细心、专注的注意力能带来什么好处呢？如果你能腾出一点个人思考的空间，你会在这些间隙思考什么问题呢？

《时机管理：完美时机的隐秘模式》(When: The Scientific Secrets of Perfect Timing) 一书的作者丹尼尔·平克（Daniel Pink）强调了这些间隙时刻的重要性。在《智族》(GQ，美国的男性杂志) 的一次采访中，他说："我之前的观点是，业余爱好者会休息，而专业人士不会，这完全是百分之百的错误。专业人士才会休息，而业余人士不会。"他强调，休息并不意味着"把所有时间都花在回复老板的短信或查看社交媒体上的信息上"。通过选择为有意义的思考留出空间，你很可能会注意到你可能错过的事情。你可能会突然意识到，在你的生活中有一个机会说出一些重要的事情或创造一个非凡的局面。对于如何处理工作或家庭中的问题，你可能会有一些独到的、极具建设性的新见解。

腾出时间深入思考任何有意义的话题都能释放出强大的内在创造力。当你从这段深思熟虑的休息时间中走出来，你可能会对自己真正想要的东西有一个全新的视角和全新的思路。这就引出了下一个练习：一旦你知道你真正想要的是什么，就利用你所拥有的每一个机会去投入其中。

把"休闲自由"变成"创造自由"

为什么我们有时想要休闲？为什么我们喜欢度假、运动、电影和喝酒？这些活动可能很美好，但是我怀疑当前对休闲的文化痴迷不是人类的基本特征，而是与我们所创造的令人筋疲力尽的工作和努力形成了鲜明对比。然而，当我们处于心流状态时，工作是一种放松。当我们在生活中为真正让我们满足的事情腾出空间时，我们就会自然地充电。那些在严格意义上可能被标记为工作的活动，在很大程度上让人感觉像是在玩耍。

计算机科学家玛格丽特·巴特勒（Margaret Butler）描述了她在阿贡国家实验室（Argonne National Laboratory）建造计算机的感受：

> 我可能是出于野心或赚钱的欲望而努力工作。但除非我也喜欢这项工作，否则我的注意力就不会完全集中。我的注意力不停地转到时钟上，转到想要做更好的事情的白日梦上，转到对工作的不满上，希望它快点结束。这种分散的注意力与创造力是不相容的。

基于他所研究的职业女性群体，契克森米哈赖对现代生活中工作的本质有更多的看法：

> 大多数从事文书、服务甚至管理工作的女性倾向于认为她们的工作就是她们想做的事情，而不是她们必须做的事情。……她们中的许多人觉得无论工作上发生什么都不是那么重要——矛盾的是，她们因此反而更加享受工作。

工作和娱乐之间的黄金界限似乎与创造力和心流有很大关系。当我们结束一天的工作并休闲一下时，那是因为我们已经离开了心流状态。相比之下，当我们沉浸在一项任务中，注意到我们工作的各个方面之间有意义的巧合和联系时，我们就会像三年级学生在操场上一样活跃。这名三年级学生对他们所玩的游戏的创造性如此着迷，以至于他们会忘记时间的流逝，课间休息总是很快就结束了。当然，对一些孩子来说，带来这种体验的不是课间休息，而是艺术课、科学、数学、戏剧、历史、阅读或创造性写作。因为孩子们通常不需要特定的结果，他们可以自由地投入体验之中。

第六章 心流的真实性

　　如果我们在工作中感到不自由，我们就会寻找机会离开。当我们的正常体验是一种心流状态时，就没有什么要离开的。如果我们能完全自由地发挥创造力，我想我们每个人都能想出许多有趣的东西来钻研。当然，如果我们没有自由创造的习惯，可能就无法想到自己真正想做的事情。我们可能无法意识到我们真正喜欢做的事情有多少，只是因为我们没有把这些事情视为生活中的选择。寻找简单的休闲方式更容易，因为它们不需要任何努力或动力。另一方面，创造力是通过长期的精力投资来培养的。为了创造更多共时性，我们必须在有创造力的工作中多下功夫。因此，回报是缓慢而渐进的。

　　为了在生活中获得更多的自由去创造，并进入心流状态，你可以尝试下面的方法。在阅读和思考了本书前一部分后，你可能对生活中真正的追求有一种清晰的认识。让自己处于一个房间或其他空间里，那里有与你的项目相关的各种各样的有趣元素。暂停你正在做的任何事情，从你的任务中抽离出来，环顾四周。做任何能够激发你兴趣的、自发的事情，无论是打开一本书，移动一件家具，还是在纸上或电脑上写下一些想法。想到什么就做什么，让它指导你做其他的活动，无论你的好奇心会引导你去哪里。唯一的限制是将你的好奇心限制在手头的项目上，而不能偏离到不相关的问题。清楚项目需要什么，并坚持下去。这样，你就走在了自由的流动性和超级聚焦的刚性之间。

　　这种方法的好处在于，你也可以将其应用到与就业相关的活动中。如果你的任务是为年终核算收集税务数据，那么利用心流在一个创造性的空间中处理这份工作，而不是费力地匆忙完成它。这可能会让你在这个过程中感受到一种归属感和创造力。也许你会想出一种组织或收集信息的新方法，在明年让这个过程突飞猛进。当你完成时，你不会觉得有必要停止工作。相反，你会想知道在你的工作中还有哪些地方还可以发挥创造力。

共时性通过我们发生

真实并不仅仅是更清楚地表达自己。即使我们变得更加真实，我们也会发现自己是比自己更大的事物的一部分。我们可能会觉得自己是我们玩的象棋游戏中的卒，就像前文提到的我在比萨店即兴演出时的感受一样。我所做的是为了真实地表达我自己，但它最终对我的侄子和女儿产生了有意义的影响。当我们通过内心来观察世界时，我们会同时为自己和他人而行动。我们行为的受益者就是我们所在的整个生命之网。**我们是爱在世界上表达自己的容器，而共时性是爱的表达被精心安排的一种方式。**

西方社会给了很多人一个明确的信息，那就是要关注自己的生活。年轻人会被问将就读哪所学校，毕业后将做什么。人们被认为应该选择一份职业，买一套房子，以此建立一个稳定的财务未来。这些期望传达了一个潜在的信息，即个人的安全和稳定是成功生活的基础。

稳定和成功就足够了吗？如果每个人都是稳定和成功的，我们的文化会繁荣吗？契克森米哈赖认为答案是否定的，他说："生活的质量并不直接取决于别人怎么看我们或我们自己拥有什么。更重要的是，我们对自己的感觉以及对发生在我们身上的事情的感觉。"他引用了一些数据，这些数据表明"财富和幸福之间存在着轻微的相关性"，但他指出，迪纳（Diener）及其同事所做的研究表明，从统计上看，非常富有的人只比那些拥有平均财富的人更幸福一点点。

完全遵循稳定和外在成功的道路，就会忽略我们本质的一个重要方面，那就是我们是有创造力的生物，可以利用我们的技能和天赋服务于比我们自身更大的事物。很明显，许多人想在自己的这方面采取行动，越来越多经济上成功的人热情地关心他人的幸福，这一事实就表明了这一点。生活在心流状态中可以帮助我们激发创造性的自我，并且是以一种不会减少我们和他人成功的可能性、还能提高成功的质量的方式。我们从研究中知道，到了某一个点，获得更多的财富并不会带来更大的幸福感。似乎合乎逻辑的是，可能正是在这个过渡点上，处于心流状态的生活能力成为更好的幸福预测器。

在职业道路上遵循心流

在我十来岁的时候，我有时会到当地的杂货店看那些小男孩帮客人打包。一天，没有一个男孩在工作，所以我问经理他们都去哪里了。他一定是误解我了，因为他递给我一份工作申请表。我于是把表填好，最后在那里工作了十年，直到它倒闭。几年后，我刚搬回镇上，在一家商店门口停了下来。我朋友告诉我，他们要重新开张，然后给了我一份求职申请表。后来我接到了一个电话，打电话的竟然是在我小时候雇用我的那位经理，我马上就被录用了。（本故事由苏茜·希克斯提供。）

这种方法的一个美妙之处是，当我们与环境保持一致时——无论是接受我们当前的环境，还是为我们希望经历的新环境而奋斗——我们都能找到服务于每个人的前进道路。我们不必以牺牲他人为代价来实现个人的成功。在心流状态中生活，我们可以两者兼得。

我认为我们可以利用有意义的历史选择来获取个人利益，但我们越多地看到它在我们的生活中发挥作用，就越能理解所有事物之间的相互联系。我们的世界观会发生转变，成为一种将竞争、独立与合作、相互依赖结合起来的新范式。利用共时性作为我们生活的框架会让我们变得明智，因为它让我们直面自己真实的欲望和弱点。它也使我们谦卑，因为它可以帮助我们了解自己的缺点。我怀疑宇宙不是对我们自我的欲望做出回应，而是对我们真实的本性做出回应。我还怀疑，我们真实的本性（如果我们能找到的话）是建立在关心自己和关心他人的健康平衡之上的。当我们看到别人正在经历成功时，我们很自然地会感到高兴，只要我们相信我们也在得到我们需要的东西。通过生活在心流中并注意到共时性，我们可以减少生活中的匮乏感——缺少金钱、成功、机会和感激——然后我们自然地希望看到别人成功。

有些读者可能会想："当然，我觉得利他主义超级重要。我已经这样了。"利他主义也可能是真实性和共时性的障碍。我们不想在会议上发言，也许是因为我们认为其他人可能有更重要的事情要说。或者我们不想谈论我们正在做的项目，因为这感觉像是自我推销。但是共时性是通过我们来实现的。在别人的世界里，我们的评论可能是一个转折点。我们的行为可能会照亮别人的一天。我们中的许多人倾向于低估我们对世界的影响，认为我们只是在默默无闻地生活。我怀疑事实恰恰相反：在有意义的历史选择中，每一个行动都很重要。除了通过像你和我这样的人的努力，世界还会如何改变呢？世界需要我们的天赋。因此，开发我们个人的天赋并将其表达出来对大家都有好处。如果我们不愿意分享我们的天赋，那么可能性之树上潜在的有意义的分权就永远不会出现。

当我们生活在真正的心流状态之中——倾听、开放、反思、释放和行动——我们更有可能说出别人需要听到的东西，或者想出一个完全符合他人需求的计划。我们可能没有意识到我们的行为产生了什么样的影响，但这没有关系。重要的是我们知道，当我们处于真正的心流状态时，我们的行为正在产生有意义的影响。

第六章　心流的真实性

　　我不认为真正的生活意味着我们应该脱离世界，全然放弃对物质的关注。我有一个漂亮的家和许多物质财富，还有一个我深爱的家庭。但这些东西不是我生命的最终结果，而是要用来支持我完成这个世界真正需要我完成的任务，那就是有目的地、真实地生活。真实并不意味着拒绝一切不完全真实的东西。例如，如果你是一名律师，我并不建议你因为意识到自己有为弱势群体服务的愿望而放弃法律。最大的挑战可能是在你现在的生活中培养更多的真实性。你可能会有机会接手一个你觉得有责任接手的案子，但这可能会损害你在同行中的声誉。这是真实性的转折点。变得更真实可能并不需要彻底改变你的总体规划，它可以让你的日常决定变得更有活力。你所做的选择是基于什么样的社会价值观？怎样才能让你在已经走的道路上更加真实？

在公共场合的真实性

　　真实性是心流状态下生活的有力指南。当我们是真实的时，我们就会致力于追随生活引导我们的方向，这包括用以前可能会感到不舒服的方式说出我们的心声。我们已经讨论过心流可以如何提高我们关系的质量，如何引导我们建立有意义的新关系。心流状态下的生活也能让我们在公众面前更真实地表达自己的价值观。

　　我曾经经历过一次共时性，它说明了在公众面前发言的力量。我做了一个梦，在梦里，我被鼓励写一些引人注目的东西。我花了几个星期的时间尝试写一些零碎的东西，但写得不是很好。一天下午，我和女儿一起去了一家杂货店。在收银台排队时，我注意到一本满是仇恨言论的杂志。我无法完全专注于付款，并意识到我被我所看到的东西所困扰，所以我决定说出来。当经理来找我谈话时，我首先对他在自己的角色中必须面对的挑战表示同情。我向他保证，我的担心并不是针对他个人，但我希望他能帮助我解决这些问题。我告诉他，我在附近的货架上看到这种仇恨言论会感到不安，因为我年幼的女儿就能看到这种言论。他马上回答说："如果你这么想，我们就把它们拿下来。"他接下来就把每一个收银台旁边的杂志取了下来。

最后我写了一篇关于这件事的文章，然后文章就被疯传开了。我的梦给了我一个线索，然后共时性让我有了一个独特的机会去做出改变。为了抓住这个机会，我不得不在公共场合以一种让人不舒服的方式说话。我确实为言论自由的问题绞尽脑汁。问题不在于这家杂志是否有权出现在那里，而是这家商店选择将这种材料放在突出位置的做法（显然不是有意为之）与顾客的基本道德标准不符。

我特别注意我在公共场合的感受，在这样做的时候，我发现了一个奇怪的悖论，它包含着一颗隐藏的宝石。大多数时候，我们羞于在公众面前发言。当我们在电影院排队时，我们不太可能对整个队伍大声说："这部电影太激动人心了。"然而，当我们感到愤怒或危险时，我们会毫不犹豫地说出来。在紧急情况下，人们打破了孤立的魔咒，并有了合作的动力。有一层阻力叫作"旁观者效应"，它使我们无法在日常生活中参与公共活动，但隐藏的宝石是，我们都知道如何在某些情况下这样做。这让我想到了一个问题：如果爱和积极的态度能像愤怒和恐惧那样让我们更容易地为正确的事情而大声疾呼呢？

英雄想象项目（Heroic Imagination Project）是一个非营利性组织，它做了一项十分有趣的工作——训练人们把自己看成是日常英雄的角色。他们帮助人们在别人可能感到无力做出改变的情况下培养自我效能感和责任感。这就需要利用积极情绪的力量，就像我们有时可能会利用消极情绪的力量一样。

例如，作为一名家长，我惭愧地承认，当我真的对某事感到愤怒时，我会在公共场合表现得像个混蛋，做一些我通常不会做的事情。就像我在第四章关于大胆的讨论中提到的，如果我的女儿在我要求她不要胡闹之后不小心把苏打水溅到我身上，我很容易在公共场合大声说话。愤怒时释放的荷尔蒙让这变得很容易。但如果背景音乐是一首很棒的歌曲，在公共场合自发地跳舞就不是那么容易了，即使我有这种冲动。当我们感到快乐时，为什么不以同样的勇气行动呢？共时性和心流可以推动我们这样做。

随着我作为一名表演者日渐成熟，我对职业表演者产生了更大的钦佩和尊重。我开始钦佩那些愿意冲破阻力，在公共场合真诚地与人们接触的人。最重要的是，他们这样做是出于爱和创造力，而不是愤怒和恐惧。

例如，创作型歌手莎拉·巴莱勒斯（Sara Bareilles）的歌曲《勇敢》（*Brave*）就探讨了这个话题。这首歌的视频包括了普通人在公共场合跳舞和唱歌的镜头。为了制作这段视频，巴莱勒斯必须站在公共广场上，与陌生人交谈，并要求他们打破自己的伪装，就像她正在做的那样。根据我的经验，这需要极大的勇气。那些通过这种方式打破自我意识的人可以教会我们如何出于爱而在公共场合走出来。

为什么在公众场合讲话这么困难？在机场的一个经历让我对这个问题有了更深的了解。我发现站在安检线上有一种奇怪的沉默氛围。在这种情况下，对一群陌生人真的没什么可说的，所以沉默是显而易见的。似乎有一层克制，一层难以打破的沉默的边界。就在这一天，一位女士出现了，她的航班十五分钟后就要起飞。这是她第二次排队，让她插进来似乎是很自然的事。突然间，我感到和她有了共同的目标。她不愿为自己说话，这是可以理解的，但作为她的盟友，我可以毫不自私地说出来。我问有没有人愿意让她排到前面去。在这种情况下，每个人都同意了。她很快地通过了安检，成功地赶上了航班。

令人惊讶的是，这次事件之后，人们的能量发生了变化。一旦有了共同的目标，我们之间就会产生一种信任感，自然的、发自内心的对话就会随之而来。我们可以在这个简单的道德上达成一致——帮助处于困境中的人——仅此一点就足以打破沉默。我们可以像一个集体一样轻松地交谈，谈论自己曾经遇到过类似的情况，讲笑话。我和前后的人建立了真诚的联系，过了安全门，我们交换了名片。

在需要帮助的那个人出现之前，似乎很难打破沉默。一旦我们有了共同的目标，我们就更容易畅所欲言了。一旦沉默被打破，我们就成了一群朋友，而不是一群陌生人。

在我看来，世界上很多出错的事情都可以通过在公共场合提出来加以解决。例如，我们经常购买被塑料过度包装的产品。然而，我们逐渐意识到，塑料垃圾正在导致地球上出现大片无生命的海洋。重要的第一步是注意什么时候发生这种情况，即有人给我一个塑料外卖盒或一个我根本不需要的可笑的包装。一旦我们意识到发生了什么，我们该怎么办？如果我们这些人能够在商店里聚在一起，进行一次真诚的对话，我们可能会开始解决这个问题。至少，公开承认问题的难度是最终解决问题的必要步骤。

我们如何公开承认这个问题？我们必须找到共同的目标，打破沉默。如果我们不这样做，就会让沉默塑造我们的世界。让我惊讶的是，我们都有共同的目标，只需要去找到它。无论你在哪里，和谁在一起，你们都有共同的经历、感受和目的。鼓起勇气打破公共场合的沉默似乎意味着要寻找共同目标以建立相互信任。

我们怎么知道什么时候是打破沉默的最佳时机？再一次，我们必须回到我们内心的感知。通过了解我们自己和我们自己的价值观，我们可以知道一个环境是否有意义，是否值得倾听。宇宙可能会发送线索，比如那位需要帮助才能登上飞机的女士。这一事件是否为我们提供了某种形式的指导，一些我们可以从中学习或回馈的有用经验，这要由我们来决定。

尽管陌生人的观点会阻碍我们，但这些关系也是让世界变得更美好的关键部分。最终，我们只有找到共同点，共同取得进展，才能在更大的问题上取得进展。不仅仅是在公共场合遇到陌生人，我们才会感到局促不安。即使在熟悉的关系中，我们也会对谈论某些事情或做一些我们想做的事情感到沉默。关系有时会阻碍我们，但真实的承诺可以帮助我们挣脱束缚。注意到自己犹豫的感觉，但选择勇敢地采取行动，我们可能会走向更深入的关系。

共时性和心流可以成为宝贵的资产，帮助我们有勇气在公众面前表现出真实。当我们有冲动去做一些可能会让我们感到脆弱或暴露自己的事情时，有意义的历史选择过程更有可能让我们经历巧合的情况，让我们的勇气得到回报。了解这个过程让我更有信心承担这样的风险。我意识到我生命中有多少有意义的机会是因为我之前的冒险才发生的，我相信同样的事情还会再次发生。这让我有勇气在公众面前真诚地说出自己的想法，不管当时看起来怎么样。

在公共场合培养一种真实的感觉也能帮助我们找到自己的目标感。当我们可以自由地做自己时，我们就可以自由地跟随心流去发现在特定情况下我们可以如何服务他人。当我们相信宇宙会对我们的选择做出回应时，我们就会更愿意坚持我们认为正确的事情。这是我们展望未来的一个工具。我们不再寻找解决问题的方法（内容），而是努力培养出对自己（环境）的新的态度，这种态度使我们能够做出我们希望在世界上看到的改变。

在本书前面的部分，我们从不同角度讨论了心流和共时性的基本概念，包括在日常体验中培养心流和共时性的方法。在最后几章，我将邀请你看看这些观点背后的基础物理学。在第七章"探索量子学基础"中，我简要介绍了现代物理学的一些相关方面，包括狭义相对论和量子力学，以及支持有意义的历史选择概念所需的一些新思想。在第八章"有意义的历史选择"中，我们再次从一个更严格的观点来审视这个过程是如何导致共时性体验的。在第九章"你是一朵火花"一章中，我将重申生活在心流状态中的重要性，并探讨人们的选择是如何塑造世界的。

第七章

探索量子学基础

我认为让人们感受到与科学之间的联系是很重要的。不幸的是，学校教授科学和数学的方式往往会让一部分人觉得他们根本不是搞科学的人。此外，高等物理学变得非常抽象，物理学家变得如此专业，以至于他们感觉没有动力以通俗易懂的方式与大众交流他们的想法。

然而，在这个时代，我们做的几乎每一件事都受到先进技术的影响，我希望不是科学家的人们能够学会拥抱自己身上"科学"的那部分，也希望科学家们能记住以易于理解的方式表达自己观点的重要性。我希望有意义的历史选择等概念能够影响人们对日常生活的看法。

本章和下一章的目的是以一种容易理解的方式，阐述共时性和心流理论背后的科学。我希望你学起来轻松愉快，对于那些不能马上理解的概念，你可以放轻松。在使用左脑和学习新的技术思想时，我发现第一次用阅读的方式尽力吸收我所吸收的内容很有帮助。如果你回过头来再次阅读，可能就会有更好的理解了。

经验需要观察者

我的研究领域是"量子力学基础"或"量子基础"。这是对量子力学"真正意义"的研究。量子基础之于主流物理学，就像电视剧《欢乐合唱团》(Glee)中的合唱团之于学校的其他成员一样，在学校的课程表上有一席之地，但仍然被许多人认为是浪费时间。这是为什么呢？对这个问题的答案深植于历史之中。

在两次世界大战之间的几年里，物理学在发展量子力学方面取得了长足的进步。在我看来，这样做的人就像撰写美国宪法的伟大政治家一样富有远见卓识，对他们所作所为的深层次后果进行了深入的思考。他们的研究揭示了干巴巴的、客观的经典物理学领域与丰富多彩的、主观的人类经验世界之间的基本联系。根据量子力学的新理论，对一个物体的每一次测量都必须考虑到进行测量的人，也就是观察者。观察者不仅仅是一个哲学上的解释性概念，也出现在数学运算中。下面让我们简单地探讨一下，观察者是如何进入量子物理学的。

根据标准的量子力学，事物有两种变化方式。第一种变化是一个可预测的过程，它告诉我们在一个已知环境中的任何物体是如何进化到一个新的环境的。这种类型的变化被称为"线性"变化。

第二种变化发生在物体与其他物体发生互动时。这种变化的有趣之处在于，一个给定的互动可能会有很多可能的但不可预测的结果。例如，当两个台球相撞时，它们可能会跑到你希望它们去的地方，也可能会到处乱跑。与此相类似，当你在杂货店遇到一个老朋友时，你可能没有看到她，仅仅是擦肩而过，你也可能认出她，然后停下来和她说话。任何互动通常都会导致许多可能的结果，这取决于互动的进行方式。在量子力学中，我们使用一个叫作矩阵的数学工具来理解物体是如何变化的。每个矩阵都有特定的解来告诉我们互动的结果是什么。

观察者有何作用呢？想象你是一个旅行者，站在意大利佛罗伦萨的火车站。每列火车代表你可以选择的不同测量。一列火车的可能到达地点是罗马、那不勒斯和墨西拿。另一列火车的可能到达地点是比萨、热那亚和米兰。第三列火车的可能到达地点是博洛尼亚、威尼斯和里雅斯特。被测量的对象是意大利本身，一次测量出一个结果。作为一个观察者，你可以选择坐哪列火车，或者应用哪一个矩阵。需要注意的重要一点是，观察者对测量的选择决定了可能的结果。根据你决定乘坐的火车（例如，博洛尼亚—威尼斯—里雅斯特的火车）和你要到达的地点（例如，威尼斯），你会对意大利进行特定的描述。是去威尼斯还是去罗马，对意大利的体验是不同的，但它们都是意大利各方面的有效衡量标准。然而，仅仅因为你看过威尼斯，并不意味着你就知道意大利"真正"是什么样子。你对火车的选择决定了你对意大利的了解。

火车在乡间穿梭，你看着窗外，享受着微风，你的行动是由火车引导的，符合量子演化可预测的线性方面。然而，坐哪列火车的决定取决于你，这对你去哪里有着深远的影响。一旦你选择了一列火车，没有规则可以确定地预测你会在三个城市中的哪个城市下车。我们只能知道你在每个城市下车的可能性。

因此，量子力学中任何科学测量的结果都取决于被测量的物体和做测量的人。量子力学不可逆地搅乱了唯物主义物理学家的思想，把他们自己的意识经验和选择带入他们的客观现实模型中。

经典物理学和量子物理学

经典物理学只是指我们在量子力学发展之前对科学的认识。直到 1900 年左右，我们都是这样看待事物的。这种认识基于伽利略（Galileo）、艾萨克·牛顿爵士（Sir Isaac Newton）、詹姆斯·克拉克·麦克斯韦（James Clerk Maxwell）、开尔文勋爵（Lord Kelvin）

和其他许多人的研究。量子物理学（又名"量子力学"）以自己全新的方法来描述现实。这两种方法在许多情况下会给出相同的答案，例如在计算行星轨道和汽车的运动时，但有些情况下，它们会给出截然不同的答案，例如在电子学和低温学领域。尽管量子力学有一些不完整的方面，但它的基本原理已经经过了充分的检验，我们比以往任何时候都更有信心，它已经在我们对物理世界的理解上迈出了一大步。

我认为量子力学对人类理解的最重要贡献是将潜能理解为真实的事物。在经典物理学中，事物被描述为要么存在，要么不存在。棒球要么在你的手套里，要么不在你的手套里，这就是跑垒员出局和安全的区别。然而，量子力学研究的不是事物，而是事物的属性，这些属性可分为三个层次：不存在，存在，可能性或潜力。

例如，在量子力学中，如果我们想描述一个电子，首先我们会说它要么不存在，要么存在。如果它存在，就可以知道它在两个方向中的一个自旋，要么是"上"，要么是"下"。电子也可能是未测量的，这意味着它有可能"向上"或"向下"自旋。所谓的"未测量"是指你没有以某种方式与它互动，比如使用放大器、显微镜、钳子等工具来看、听和感觉。关键是，如果它是未测量的，那么它的自旋特性是两种不同可能性的结合。因为你没有亲自检查过，所以在这两种情况下它都不"存在"。然而，它确实"存在"，因为如果你去测量，就会发现它向上或向下自旋。

总之，我们不能仅仅从确定的、具体的方式来思考世界上的物体。我们必须把每一件事看作是一系列的潜能，直到我们亲眼看到它，并确信我们知道它的状态是什么。这似乎是抽象的或理性的，但这些可能性是"真实的"，可以被操纵，并对世界产生可衡量的影响。如果没有可能性这种中间层面，用于开发移动电话和电脑的半导体技术就无法发挥作用。

这是什么意思呢？或许你会说："当然有很多可能性。我的未来就充满了未知的可能性。这不是量子力学，这只是生活中正常的不可预测性，对吧？"好吧，等一下。量子力学并不仅仅说未来是未知的。它对现在，甚至过去也是如此。量子力学认为，任何没有被观察到的东西都是未知的，这里的"未知"不是说"有人知道，但我不知道"。在量子力学中，没有被观察到或目击到的事物根本没有确定的性质。它们存在于一种被称为"量子叠加"的状态，这意味着当测量发生时，它们将以列出的状态之一的形式存在。所以，如果有人告诉你量子力学允许一个电子同时在两个地方，那是他在偷懒。正确的说法是，电子有一种性质，我们称之为位置，电子的这种性质没有确定的值来描述。它不能同时出现在两个地方，但是如果我们测量它，有两个可能的地方可以发现它的存在。

所以，量子力学可以总结为研究当我们不注意的时候世界在做什么。物理学家戴维·玻姆（David Bohm）这样说："在量子理论中，讨论系统的实际状态是没有意义的，只有对实现这种状态至关重要的一整套实验条件。"换句话说，我们不能把得到的答案和为了得到答案而提出的问题分开。

在我们没有注意时，世界在做什么？在我看来，我们会对此做出各种各样的假定。以艾薇塔为例，当她申请攻读研究生时，她可能认为研究生院已经仔细阅读了她的申请，并拒绝了她，或者她可能认为自己运气不好，她的申请在混乱中丢失了。一般来说，她的假定可能是错的，也可能是对的。但无论哪一种情况，她都假定肯定发生了某些事情，如果她能知道就好了。但是根据量子力学，她是无法知道的。我们没有观察到的事物的属性还没有确定的值。艾薇塔的申请状态仍不明确，也没有发生一系列特定事件，只不过是各种可能性。

现在，关于这一事实的范围有一场激烈的辩论。根据量子力学理论的某些解释，这只适用于不可见的微观系统，因此我们大多数人都不会感兴趣（除非是理论物理学家）。然而，这就是为什么人们认为量子基础是在浪费时间：数学似乎暗示量子力学应该适用于所有物体，但我们似乎无法直观地理解这与我们实际体验到的世界有何联系。许多人会不以为意地耸耸肩膀，转向更实际的问题。然而，有许多著名的量子力学解释并没有做出这种假设，而且无论从哪个方向来看，情况都远未得到解决。

在我的研究中，我并不期望直接观察到量子力学在现实世界中的作用，因为量子力学研究的正是我们不注意时物体的运动。所以，我不能简单地让我的感知来告诉我量子力学是否存在。就像微观电子一样，我怀疑就连我门外的世界的性质也是不确定的。我一直在等的包裹会准时到达还是会晚到一周？会不会在我躺下小睡的时候，推销员来到我家门口按门铃？我怀疑这些宏观事件也是由量子可能性所描述的宇宙属性。换句话说，尽管从裁判员的角度来看，棒球总是在手套内或手套外，但从场外的人的角度来看，裁判员和球仍然是一系列可能性的集合。这个视角驱动的认识被称为关系性，我将在本章的最后加以阐述。这一直是我在量子基础方面的研究课题之一。

概率和测量

为了理解物理学家是如何思考这个问题的，我们需要学习一个术语。物体的任何属性，比如它的位置，都可以用一个叫作"振幅"（amplitude）的数值来描述。电子每个可能位置的振幅都告诉我们，如果我们观察，这个位置发生的可能性有多大。当我们观察的时候，只有一个可能的位置会变成电子的实际位置。电子的每一个可能位置都有它自己的振幅，因此也有它自己特定的发生概率。这和电子同时在两个地方完全不是一回事。它有两种可能的状态，但只有一种状态可以实现。

物理学家发现，当我们将振幅做平方时，我们就得到了在那个地方测量电子的"概率"。所以存在有三个层次，第一个是不存在，即一个物体根本就不存在；第二个是可能存在，即物体属性的每个可能值都有一个与之相关的振幅；第三个是存在，即这个属性有一个确定的值，并且这个确定的值有一定的发生概率。可见，振幅描述的是可能发生的可能性，而概率描述的是真正发生的结果。

我之所以在这里不吝笔墨讲这么多，只是为了强调这一点：我们不应该把世界看作非黑即白，认为事物要么存在，要么不存在。科学很清楚（尽管不是所有的科学家都以同样的方式解释这些事实），我们还需要考虑一个由振幅描述的中间可能性的层面。这是宇宙的一个至关重要的特征，它将最终导向我所说的宇宙的"回应性"，而导致心流的共时性体验就是由此产生的。

发现物质波

双缝实验是量子力学的经典实验，它表明光既像粒子又像波。机缘巧合使克林顿·戴维森（Clinton Davisson）和莱斯特·格尔默（Lester Germer）发现电子也具有这种特性。他们正在向镍金属发射电子时，真空管因漏气而意外爆炸。为了重新做这个实验，他们必须使用高温烘箱来去除镍中的氧化成分。烤箱意外地在原本光滑的表面上产生了一些更大的晶体。下次他们进行实验时，这些晶体就像双缝一样，产生了可见的干涉图样，从而使他们发现了物质波。

量子力学还有最后一个重要的方面要提一下，这就要谈到做测量的观察者。再假设有一个电子。如果你还没看的话，电子的位置是不固定的。然后，当你测量电子时，它会跳到一个固定的位置。然而，你不能简单地说你发现了电子的真实性质，因为电子的位置只能是你的测量允许的可能性之一。电子的性质取决于你所做的测量的类型，换句话说，取决于你所问的问题。

你可能会在这个事实中看到与一个有反应的宇宙的联系。你不能简单地把任何物体的属性归因于物体本身。相反，你观察到的属性——比如人们出现的时间和地点——会受到你问的问题的影响。如果你很快就对这个观点感到太熟悉了，试着记住，这不仅仅是你看待事情乐观还是悲观的问题。我的意思是，你生活中出现的事件可能是对你所采取的行动的反应。这不仅仅涉及你如何解释事件，也涉及某一特定事件是否发生。记住，这种解释是不确定的，大多数物理学家也有不同观点，我将尽我最大的努力来证明它。

20世纪著名的心理学家卡尔·荣格创造了"共时性"这个术语，并对集体无意识和被称为"原型"的符号进行了研究，他很好地解释了这个困境：

> 实验就是提出一个明确的问题，尽可能地排除任何干扰和无关的东西。它把条件强加给大自然，迫使她对人类提出的问题做出回答。大自然无法从其各种可能性做出回答，因为这些可能性是在实际可行的范围内受到限制的。为此，实验室创造了一种情境，人为地局限在这个问题上，迫使大自然给出一个明确的答案。完整性不受任何限制的大自然的运作被完全排除在外。如果我们想知道这些作用是什么，我们需要一种探究的方法，尽可能少附加条件，如果可能的话，就不附加任何条件，让完整的大自然做出回答。

量子力学的发现者意识到量子力学对哲学和存在的一些挑战。维尔纳·海森堡（Werner Heisenberg）说："概率函数的概念不允许描述两次观测之间发生的事情。任何寻找这种描述的尝试都会导致矛盾。这一定意味着'发生'这个词仅限于观察。"换句话说，如果不考虑事物与宇宙其他部分的相互作用，我们就无法讨论什么存在、什么不存在。从这里很容易看到，我们只能谈论事物的属性，而不是谈论事物本身。

物理学家沃尔夫冈·泡利（Wolfgang Pauli）似乎对共时性现象很感兴趣。虽然他在量子力学理论的提出过程中发挥了重要作用，但他并不认为共时性与量子力学理论有关，这主要是因为量子理论可以被可靠地复制，而共时性似乎不可预测。他的文章《原型思想对开普勒科学理论的影响》表明他深受荣格的影响，和我一样，他也怀疑象征主义可能是量子力学和共时性现象的基础：

> 在这个充满象征意象的世界里，原型充当了感官知觉和观念之间的桥梁，因此，它是一个必要的前提，即使是为了形成一个科学的自然理论。

随着量子力学中这一套被统称为"测量问题"的理论和结果的出现，物理学似乎绕了一个圈，从古老的传统中改造了旧的观念。

闭嘴，计算！

在所有这些新思想的碰撞中，第二次世界大战爆发了。量子革命领域的伟大人物是分离的。维尔纳·海森堡是德国人，战争期间在纳粹德国。尼尔斯·玻尔（Niels Bohr）在被纳粹占领的丹麦，伟大的犹太人阿尔伯特·爱因斯坦（Albert Einstein）及时逃离德国，在新泽西州的普林斯顿大学安下了家。爱因斯坦曾给美国总统富兰克林·罗斯福（Franklin Roosevelt）写了一封至关重要的信，敦促他开发原子弹以打败纳粹德国，但他也被排除在该计划之外，而且得不到美国政府的信任。当时的世界正处于生存模式，实用思维更受重视。

战争结束后，与苏联的冷战开始了，这种务实的风格延续了下来。军事工业的快速发展，以及对这一时期发展起来的物理学的许多实际应用提供的资助，使量子物理学家们形成了一种思维方式，后来被 N. 戴维·默明（N. David Mermin）精辟地描述为"闭嘴，计算"。换句话说，停止思考这项工作的含义，只要去计算实验结果。这种方法非常成功，因为它可以以两种形式轻松地量化结果，即数据和现金。

量子力学催生了晶体管，并最终催生了固态计算机。以计算为基础的动手实验的结果很容易量化，并吸引了军方的资金，在美国教育机构接受培训的物理学家数量大幅增加。"量子场论"的发展，与其说是基于新的基本原理，不如说是基于不断增长的精确度，产生了所有物理学中最精确的实验预测，例如瑞士的欧洲核子研究中心的粒子加速器。所有这一切催生了现代科技和通信产业，它们对全球经济的影响无论怎么估计都不过分。

如果说从量子力学的角度来解释世界的量子力学已经没有必要了，那么这相当于说如果你有智能手机，婚礼上就不需要有现场乐队了。在一个理想的世界里，现场乐队是有价值的，但在实际层面上，它不值得努力和花费。量子基础是物理学中一个蓬勃发展的分支，虽然它被许多人忽视，但仍然取得了进步。

我喜欢量子基础领域，因为我相信会有这样一天，"闭嘴，计算！"模式的运气将会耗尽，我们有必要加深理解。我们不能永远在一个不完整的基础上继续前进，并期待取得进展，我相信这个基础是可以完成的。

光的无时性

我们如何在量子基础领域取得进展？我的方法是从探究光的性质开始的。在物理学文献中有一个有趣的信息，我认为它还没有得到彻底的研究。这是一个我很有信心的研究，但还没有得到广泛的同行评审的肯定，那就是光是不受时间限制的。

物理学历史上许多伟大的突破都来自对光的理解，视觉、太阳的热量，以及其他许多基本现象都离不开光。艾萨克·牛顿在17世纪的大部分研究都是围绕光展开的，他利用棱镜来了解可见的光谱。詹姆斯·克拉克·麦克斯韦在19世纪统一了电场和磁场，他指出，这两种形式的能量结合在一起会产生粒子，它的运动速度正是我们已知的光的运动速度。这距离认识到光是一种电磁性质的波已经不远了。爱因斯坦在20世纪的狭义相对论受到了这样的问题的启发："如果我的速度超过了光速，我会看到什么？"我们的光模型确实每一代都变得更加复杂，然而，光是如此基础，即使经过数千年的研究，我们的理解仍然不完整。

为了更好地理解光，我们首先考虑爱因斯坦狭义相对论的数学理论，它告诉我们时间和空间是可弯曲的。如果一个人骑在光波上（这是爱因斯坦在形成他的理论时脑海里的图像），时间和空间都将收缩到零。说时间和空间已经收缩到零，只是意味着我们通常认为的两个独立的事件——就像恒星中心产生的光，和当你仰望天空的时候同样的光，都被你的眼睛吸收——必须被认为是同一个事件。如果两个事件之间的空间和时间已经缩小到零，它们就不可能是不同的事件，因为两个恰好在同一时间和同一位置发生的事件实际上一定是相同的事件。你还能怎么区分它们呢？

戴维·玻姆也在探寻同样的线索，他提出了一个他称为"隐缠序"（implicate order）的概念，来描述宇宙的全息性、整体性。他写道："在空间的每个区域，整个结构都被光的运动'包裹'和'携带'。"换句话说，所有的宇宙都存在于宇宙的每个部分。如果光是无时和无限的，那么在某种意义上，光似乎是无所不在的。

那么我们如何谈论光速呢？光没有质量（或者你可以认为是"重量"），所以它完全不同于我们每天接触的所有物体。由于没有质量，它以固定的速度运动，它的速度被创造性地命名为"光速"。但如果从一颗恒星发出并被你的眼睛吸收的光实际上是单一的永恒事件，我们怎么能说其他恒星离我们数千光年远、它们发出的光有数千年的历史呢？这和视角有关。从观察者的角度来看，光粒子是一种能量的单一转移，从一个地方到另一个地方似乎需要时间。

物理学家说，光在"零间隔"上传播，这里的"零间隔"是指一个长度为零的空间和时间间隔。这是一种很奇妙的命名方式，事实上，它相当神秘。它的意思是，我们应该停止认为光是一种从一个地方平滑地传播到另一个地方的东西。对于光来说，空间和时间甚至都没有定义。相反，光只能在它被测量的时间和地点出现。由于你和我存在于空间和时间中，我们发现光出现在这里，出现在那里，就像它在不同地方之间平稳地旅行一样，但这只是我们告诉自己的一个有用的构想。它让我们想起了在空中从球棒飞到手套的棒球，这种直观的画面让我们感到安慰。

对光更好的描述是"光粒子的可能性"（我们称为"波函数"）存在于时间和空间之外，当这种可能性与"有人看到它的可能性"相互作用时，观察者声称光在他们看到它的时间和地点"存在"。在人观察到光之前，它只是一系列用振幅描述的可能性。如果这个人观察到光，它就会变成一个真实的事件，在他的视网膜上产生一道闪光，或者在他的皮肤上产生一种温暖的感觉。

这里的影响可能比最初看起来的要大。这些考虑导致了这样一种想法，即世界上的一切都服从量子力学叠加原理，而不仅仅是电子和光。这就是为什么在艾薇塔申请攻读研究生的故事中，我说情况还没有确定。学院负责人的身份，还有他和艾薇塔家的联系，这些都是一系列的可能性，而不是既定事实。

要理解为什么一切都必须服从量子力学叠加原理，让我们想象光从仙女座星系一路到达地球，距离 250 万光年。根据我们的说法，光需要 250 万年才能到达地球。我们在绕地球轨道运行的卫星上安装了一个望远镜，它可以捕捉到光线，然后随机选择将光线反射到休斯敦或芝加哥的实验室。但请记住，光是不受时间限制的，所以它在仙女座的产生和它在休斯敦或芝加哥的接收是一样的。但到底是休斯敦还是芝加哥呢？如果仙女座的光和地球的光之间有时间上的差异，我们可以说："我们在两者间做出了一个选择。"但是，当起点和终点是一个没有时间性的事件时，光如何"知道"这些"现实"中哪个真的发生了呢？尤其是像我们这样的凡人可以自由选择的时候。玻姆对隐缠序的描述相当引人注目："事实上，从原则上讲，这种结构延伸到整个宇宙和整个过去，并影响到整个未来。"

没有时间来衡量事物，我们就无法谈论事物"随时间而变化"，也很难以一种有意义的方式讨论自由意志。相反，我们必须假设所有的可能性都已经存在，我们只是在它们之间做选择。光可能存在于任何一条路径上，并且这些可能性必须"共存"。这样就有了一个没有时间性的、有多个分权的可能性之树的形象，它由于量子力学的多世界解释而变得流行起来（见图 18）。玻姆说："所以，我们无所不在，无时不在，尽管只是以一种看不见的方式。同样的道理也适用于每一个物体。"

心流生活实践指南

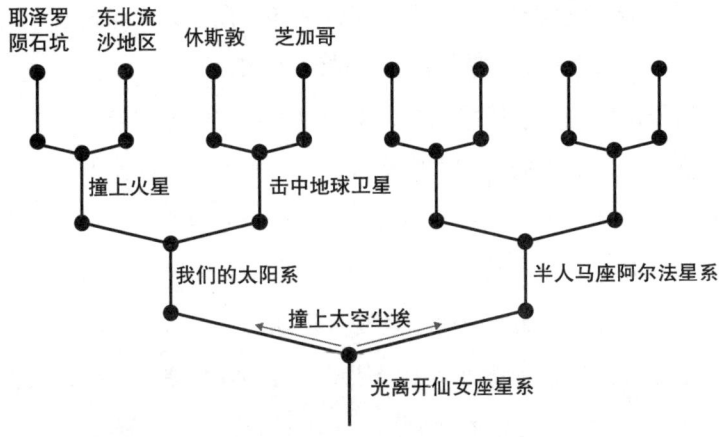

图18：这张图描绘了一棵没有时间性的、有多个分权的可能性之树，它描述了光离开仙女座星系，从绕地球运行的卫星上反射回来，最后到达休斯敦或芝加哥的实验室的经过。在每个分权上，光线可能会因路径上的某些障碍（如太空尘埃）而偏转，最终到达左边或右边的分权。如果它降落在火星上，它可能会到达一个名为耶泽罗（Jezero）的陨石坑或一个名为东北流沙（Northeast Syrtis）的地区。我们感兴趣的情况是，它击中卫星，并由人类的选择指导。所有这些路径肯定都是可能的，因为当光离开仙女座时，它们都是有可能的。

但这种推理可以更进一步。在这个例子中，可能性的叠加来自光的无时性。但是任何光线接触到的东西——休斯敦的探测器、芝加哥的探测器、你的眼睛、你的皮肤——都必然是各种可能性的叠加。尽管通常的观点是假设芝加哥或休斯敦的探测器必然使光选择一个明确的状态，但如果光是没有时间性的，那么它就是没有时间性的，事情就这么简单。它不会被某一个人在某一特定时间所做的选择所影响。没有了时间，我们关于选择、变化和自由意志的传统观念必须调整。玻姆说："作为一个整体的现实也不能被认为是有条件的。它不可能一直被这样看待，因为'作为整体的现实'这个表达本身就意味着它包含了所有可以制约它和它所依赖的因素。"

不是光在遇到物理学家时变成"经典"，而是物理学家在遇到

- 180 -

光时必须变成"量子"。但物理学家不是有他自己的确定性吗？他不是真实而确定的吗？他的状态相对于他本人来说是确定的，但是相对于我来说，他和光都是不确定的。

因此，相互作用是关系性的。房间里所有相互作用的东西都联系在一起，但这不会影响到房间外的人。如果我站在房间外面，尽管房间里的所有东西可能都在相互作用，在相互关系中越来越纠缠，但只有当我走进去观察它时，它才变得与我相关。我们不能再从一种假设的上帝的视角来谈论世界，这种视角一次描述了一切，而没有具体的观点。这是不存在的。我们必须放弃客观和明确的整体视角，局限于仅仅通过观察者的眼睛来认识世界。

任何与光相互作用的物体，无论大小，都可以被描述为各种可能性的叠加。这被称为"宏观量子叠加"状态。这个疯狂的想法因薛定谔的猫的故事而出名，这是一个虚构的思维实验，一只被关在密封盒子里的猫可能会被随机的放射性衰变杀死，也可能不会。根据量子力学提出的困境，在我们打开盒子之前，我们不能说猫真的活着或真的死了。如果我们没有去看盒子里面，现实情况是什么呢？只能说这只猫是两种状态的叠加。如果没有特定观察者的观察，现实就会演变成一棵有多个分权的可能性之树。

追溯事件确定

在我们关于光的无时性的讨论中，还有一个更重要的结论。我们的例子还说明，当我们与光互相作用时，从我们的角度来看，它的实际情况就会立刻确定下来。光的整个进化过程必须符合我们现在对这种光的体验，量子力学告诉我们，光的历史在我们看到它之前是无法确定的。因此，它的整个历史可以通过追溯而逐渐被理解。

我称之为追溯事件确定（retroactive event determination）。它避免了通常所说的"反向因果关系"（retrocausality）的悖论，因为我们并没有改变过去，比如说回到过去杀死我们的祖母，这样我们就不会出生，在这种情况下，我们就不可能回到过去杀死我们的祖母。相反，过去还没有确定，我们的测量只是让过去成为过去。当应用到微观粒子时，这种行为被很好地接受，被称为"惠勒延迟选择实验"（Wheeler's delayed choice experiment）。然而，由于我们刚刚讨论的光的无时间性，这似乎在更广泛的范围内也是正确的——对所有物体都是如此。虽然这一观点在科学界仍有争议，但让我们看看在现实生活中这意味着什么。

回想一下艾薇塔申请攻读研究生的经历。因为她还没有和物理系的系主任接触，所以我的建议是，从她的角度来看，这些情况还没有确定。艾薇塔给代理系主任打了电话，她就与他建立了个人联系。在那一刻，从艾薇塔的角度来看，她所处环境的某些特性开始各就各位，包括整个物理系的历史。想象一下这样一种历史：那年，另一位教授被选为代理系主任，或者这位教授与艾薇塔的母亲大吵了一架，在艾薇塔打电话之前，这些都是可能的。当然，这种历史对艾薇塔被录取的机会并没有多大帮助。实际发生的情况更加有用，在下一章我们将分析其原因。

在此之前，让我们思考一下"各就各位"这个表达的意义。当艾薇塔打电话给学校时，她真的在改变代理系主任或她母亲的历史吗？这似乎很可笑，因为对那些人来说，这些事件发生在很久以前，而且从那时起就一直是真的。但是对于艾薇塔来说呢？她不知道她母亲的论文导师是谁，也不知道那一年谁被任命为代理系主任。从她的角度来看，如果没有办法知道这些历史的开始，我们真的能说这种惊人的巧合正在改变过去吗？答案是否定的。如果她不可能找到任何与她现在知道的事实相矛盾的信息，那么在她与现在互相作用之前，她就无权声称过去会是不同的。

事实是，在她确定过去是什么情况之前，过去是不确定的。这正是量子力学告诉我们的：在我们与事物发生互相作用之前，它们是没有既定历史的。过去、现在和未来的标签都过时了，我们转而谈论确定和不确定，或者观察到和未观察到。我们所说的过去，在我们观察到之前，实际上并不确定。过去的确定是为了与我们的具体经历相一致。外部的世界还没有成形，最终的结果让历史各就各位。

游戏与积极共时性

如果你是一名玩家，你可能会在追溯事件确定和世界的关系性中看到"积极共时性"的概念。在大型多人在线视频游戏中，来自世界各地的人们在虚拟世界中竞争和合作。游戏必须能够处理各种计算机速度和网速，包括由于玩家之间的巨大距离而导致的非常长的时间延迟。

要想做到这一点，该软件可以使用的一个策略是，不要试图追踪所有玩家的虚拟世界的每个细节。换句话说，就像关系性量子力学所描述的那样，它放弃了建立一个既客观又确定的单一世界的尝试。相反地，它会考虑每个玩家的观点，并计算玩家为了让游戏体验更顺畅所需要的内容。玩家会觉得自己身处一个巨大的虚拟世界，而实际上他们的世界的细节只存在于他们周围的小空间中。

当两个玩家接触时，游戏必须确保他们的体验是一致的。所以，积极共时性既具有关系性（仅在本地计算每个用户），又具有一致性（确保任何玩家的虚拟世界之间的所有交互都能带来有意义的共享体验）。有时候，如果玩家选择的动作由于连接不良而没有被接收到，软件必须猜测一个玩家已经做了什么，以便"实时"呈现给另一个玩家。这个猜测是"乐观的"，因为它是基于玩家会继续他们已经在做的事情的假设，它允许多个玩家的虚拟世界充分同步。

这在实践中是如何操作的呢？NASA喷气推进实验室的彼得·赖尔（Peter Reiher）所描述的时间扭曲操作系统（Time Warp Operating System，简称TWOS）就是使用积极共时性的一个例子。一般来说，在这种情况下，操作系统必须在很少用户输入的情况下完成大量工作，因为用户分布得很广，当然，他们每秒钟执行的动作要比计算机少得多。当游戏操作系统收到用户的动作请求时，操作系统之前的最佳猜测动作可能与用户当前的"真实"动作不同步。操作系统通过更改之前的操作并回溯使它们无效来处理这个问题，这被称为"回滚"。

在回滚中，操作系统调整未被观察到的过去，以保持与观察到的现在一致。但是如果过去的操作已经被观察到，那么它们就不能被回滚。赖尔说："时间扭曲操作系统模拟有时需要执行输出到不直接在时间扭曲操作系统控制下的设备（如外部磁盘驱动器）。写入非时间扭曲操作系统控制的设备的数据不能回滚。"因此，在虚拟世界中，不受该操作系统控制的数据是永久性的，或者我们可以说是被观察到的。

在追溯事件确定所描述的现实世界中，过去的动作有许多未确定版本，这些版本即可能性之树上的许多分权，因此，回滚会略有不同。在虚拟世界中，没有被外部编写的操作可以回滚，因为没有人看到那些命令。如果没有计算机的日志文件，没有人会知道已经做了更改。类似地，在量子世界中，只要观察者没有办法知道以前的世界是怎样的，他就永远不会知道是否发生了回滚。事实上，由于在第二章中提到的反事实不确定性，如果我们不知道之前的状态实际上是什么，我们就不能称它为回滚。我们根本不能称之前的状态为"实际的"。在量子世界，回滚是在与当前操作一致的情况下各种可能之间进行回溯选择。

操作系统是如何知道一个事件是什么时候被观察到的呢？这种方法的主要目的是避免游戏世界中"真实"事件之间的冲突。为了做到这一点，时间扭曲操作系统必须延迟实际的输入输出，直到写请求确定是正确的。当执行写操作的事件被提交时，就可以确定这一点。因此，写请求被标记为请求它们的事件的虚拟时间，直到到达它们的提交点为止。通常，时间扭曲操作系统必须延迟执行它无法撤销的任何操作，直到到达该操作的提交点。

如果我们把"标签"看作事件发生的时间，将"提交点"视为事件回溯性地发生并被知道已经发生的时间，就有了一个关系性的、一致的虚拟世界的实用模型，这个模型反映了现实世界中的追溯事件确定过程。

有了这个基础，我们就可以深入到中心思想中去，我认为这些思想产生了可衡量的意义以及科学的共时性。如果到目前为止科学已经让人感到枯燥或困难，不要担心，它的目的是提供有用的背景，但对于接下来的内容，它并不是必需的。请继续读下去。

第八章

有意义的历史选择

追溯事件确定告诉我们，作为对我们所采取行动的回应，世界如何以许多不同的方式发生。但为什么它会选择一种特定的方式发生呢？为什么有时看起来像是墨菲定律在起作用，导致我在最需要准时的时候发生堵车？为什么当我"很有状态"时，事情似乎总能解决？有时生活似乎与我势不两立，有时又似乎站在我这边。这里有什么规律吗？

为了寻找这种规律，我将介绍更多新的想法（包括我本人的想法和其他人的想法），其中一些在不同程度上是有争议的。一些研究者研究了如果我们只看那些产生特定结果的实验，会发生什么。这种"后选择"（post-selection）的过程在量子力学的"双态向量形式体系"（two-state vector formalism）中得到了最充分的发展。我怀疑这一概念导致了有意义的巧合的体验。

基本思想是这样的：基于光的无时性，我们发现，在每一时刻，一种情况的所有可能结果都是固有的。当我们行动时，我们选择了一系列可能实现的结果，我们也标记了那些与我们预期的定性体验相匹配的可能性。通过这样做，我们定义了什么对我们有意义，塑造了结果的可能性。我们不能保证有意义的事情会发生，但我们可以改变可能性。

提醒一下，在这个理论中有一些已经确立的观点，有一些新的观点，也有一些是推测。例如，我们已经确定，到目前为止所讨论的所有性质都适用于微观粒子。但主流学说还没有接受这些相同的原则适用于所有物体，无论物体的大小，尽管学者们已经做了大量的工作来证明这是正确的。此外，定性体验是宇宙的一个基本方面，这样的观点被许多哲学家认真对待，但这个可以应用于物理学的建议更具有推测性。最后，在某种程度上，人们对定性体验、情绪、感觉和思想之间的关系有了充分的了解，但是我们自然地预期某些定性的体验，并且这种预期会影响物质世界，这是一个我将在本章讨论的新观点。

可能性之树

现在，我们进入了问题的核心。在前一章中，我描述了宇宙是如何不断演化出多种可能性的。每个物体和人都与其他物体和人相互作用，比如在桌子上滚动的台球，或者在杂货店里撞到朋友，当这种情况发生时，相互作用可能以多种方式结束。

想象一下，我的朋友安妮正从她上城区的公寓出发去看一场百老汇演出。她几乎没有足够的时间到那里，并且她知道一旦演出开始，剧院不会让她入座。在她旅行的每一步，她都与周围的物体和人互动，其中包括地铁站的自动扶梯、售票员、她的手提包和夹克衫。每次互动都会导致各种可能的结果，这些结果都是由她所做的决定引发的。例如，她应该走楼梯还是坐电梯？排队买票时，哪一个队列移动更快？她应该穿上夹克还是把它围在腰上？

她到了车站，心里知道地铁每二十分钟来一趟，因此，如果她误了这一班地铁，她就肯定赶不上演出了。正在买票时，她听到地铁进站了。她还在等着拿回她的信用卡，她还需要通过转门，然后下自动扶梯。很明显，她没办法赶上这趟地铁了，该怎么办呢？

一种可能是，她匆忙拿起信用卡，冲到转门，不顾一切地跑下自动扶梯，虽然她知道地铁很可能在她到达之前就开走了。我们称这个分支为 R，这是英语里表示匆忙和奔跑的单词"rush"的大写首字母。另一种可能是安妮听天由命，她不慌不忙地拿起信用卡，悠闲地走向转门，因为她知道地铁随时都会开走，她将不得不错过上半场的演出。我们将这个分支称为 $\bar{R}$，表示她没有拼命赶时间。这两种可能性代表了她的可能性之树的两个分权（见图19）。

树上的每一根分权都代表着安妮的世界里所有事物的特定配置，其中包括售票员、转门、铁轨上的地铁和车站里的其他人。这棵树的任意两个分权都代表了这些物体或人可以被排列的不同方式。在一个分权上，可能售票员在收银机上遇到了麻烦，并且有人堵住了转门。而在另一个分权上，也许售票员效率很高，转门也畅通无阻。每次两个事物或人相互作用时，它们都会导致一种不同的情况，所以每次相互作用都是树的一个分权。

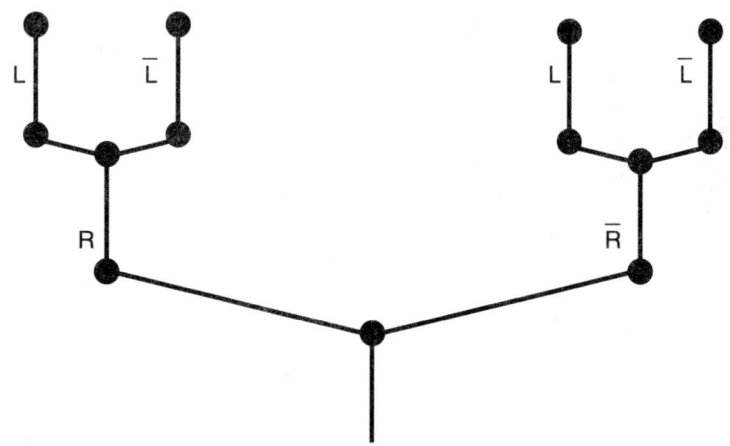

图19：这棵可能性之树代表了安妮的选择。她可以决定是赶时间（R）还是不赶时间（$\bar{R}$），在这两种情况下，她都可能会迟到，也可能不会迟到。然而，每个分支都有与之相关的不同概率或"权重"。

- 191 -

这里的要点很重要，所以我要重申一下：单个分支并不代表单个事物，而是代表了一个可能"世界"中的所有事物，或者事物可能展开的一种方式。结果是一个非常复杂的可能性之树，它代表了一组事物随着时间的推移可以互相发生作用的所有可能方式。然而，并不是每个分权点都会对安妮的未来产生影响。幸运的是，我们可以选择只画出我们关心的那些属性，我们称之为特殊事件。在第三章中讲述的 LORRAX 的过程中，这是一个通过倾听环境来辨别哪些因素可能与我们的目标相关的过程。

现在我们代入一些数字。在图 19 中，如果安妮赶时间（R），我们可以合理地假设她准时到达的可能性至少稍微高一些，因为她跑得越快，她提前到达的可能性就越大。在图 20 中的 R 分支上，我为迟到选择的振幅是 24，为不迟到选择的振幅是 36。为了便于说明，我为每个分支所选择的数字不仅符合实际的物理计算，而且便于讨论。从一开始，安妮很有可能不会迟到，因为 36 比 24 大。

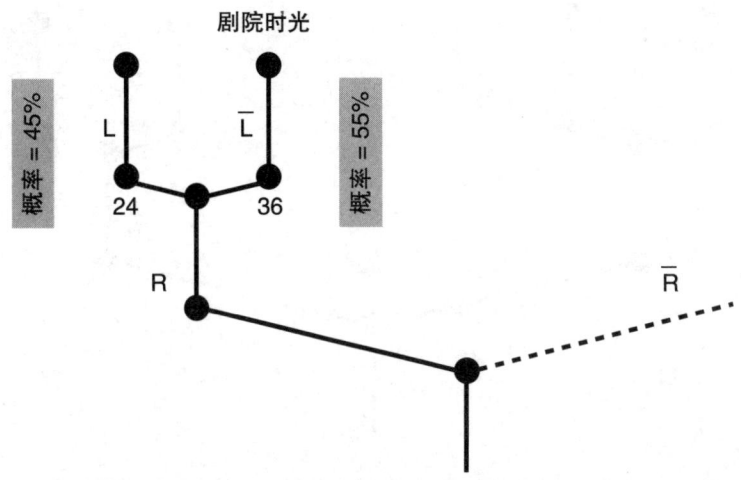

图 20：如果安妮赶一赶时间，她不迟到的振幅更高，为 36，而迟到的振幅更低，为 24。假设没有什么意外发生，我们可以假设如果安妮赶上地铁，她至少更有可能按时赶到。

第八章　有意义的历史选择

但这只是对这一事件非常粗略的描述。那么在她决定冲到剧院到她实际到达之间可能发生哪些事情呢？考虑一下图21中的三个特定分支点。我们已经增加了分支来追踪安妮行动的新特征。第一个分支点是当她决定是赶那班地铁（R）还是不赶那趟地铁（R̄）。最后一个分支点是她要么迟到（L，即英语中表示迟到的"late"一词的大写首字母），要么不迟到（L̄）。

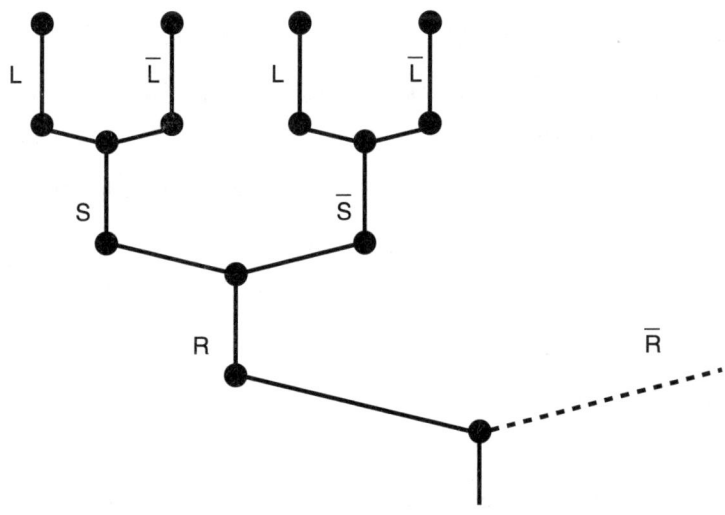

图21：如果一个骑自行车的人不小心堵住了地铁的门（S），会怎样呢？如果发生这种情况，列车就会延误足够长的时间，让安妮上车，假如她是跑着去那里的（也就是说，如果她在R分权上）。因此，在R—S分权上，她仍然可能迟到（L）或不迟到（L̄），但不迟到的可能性更高。

事件S和S̄表示中间事件。例如，让我们关注已经在车站里的地铁。安妮自己的逻辑告诉她不可能赶上那班地铁，但是在她的逻辑中隐藏着一个关于事情发展方向的假设。地铁还没有开走，所以她实际上还没有错过。

如果我们创造性地思考，可以想象出各种不同寻常的情况，可能会使列车延迟离开车站的时间，让她上去那班地铁。例如，碰巧有

- 193 -

一个骑自行车的人要上这趟非常拥挤的地铁，却怎么也不能把自行车塞进去。这样一来，司机就多用了三十秒的时间来关门。我们用字母"S"来指代这个事件，因为它既是英语里表示"地铁"的"subway"一词的大写首字母，也是表示"共时性"的"synchronicity"一词的大写首字母。如果 S 发生了，如果安妮竭尽全力去赶这趟地铁（R），那么她就能出人意料地准时赶上它，按时到达剧场（$\overline{L}$）。与此相反的经历也就是没有什么不同寻常的事情发生（$\overline{S}$），而这很有可能导致她迟到，这是一种默认结果。我们现在追踪的是安妮行动的新特征 S。图 19 和图 21 描述了相同的情况，后者只是有了更多的细节。

现在，让我们想象骑自行车的人被门夹住了。显然，安妮从售票窗跑到站台的决定并不能使骑自行车的人和她一起出现，因为骑自行车的人已经到了地铁站站台，而安妮却没有。图 22 显示，即使安妮竭尽全力赶这趟地铁，骑自行车的人堵地铁门的可能性也是一样的。我们可以得出结论，如果自行车被卡住了，那只是侥幸，与能否帮助安妮及时赶上地铁无关。

但对于下一层分权（从 S 层到 L 层）来说，情况并非如此。如果安妮竭力赶时间（R），并且自行车被卡住了（S），那么安妮就会赶上地铁，所以她很可能会准时到达剧院。分支 R—S—$\overline{L}$ 上的振幅 29（而分支 R—S—L 上的振幅为 18）就表明了这一点。你还可以看到，如果骑自行车的人没有被卡住，因此安妮错过了地铁，相反的情况就是正确的。另一个分权（R—$\overline{S}$—L）的振幅相当高（27），即骑自行车的人没有被卡住，安妮去电影院迟到。这正是我们在逻辑上所期望的。

现在让我们总结一下。从图 20 中我们可以看出，赶时间和准时到达是有一定联系的。从图 22 中我们知道，一个骑自行车的人推迟了地铁的发车时间和安妮准时到达剧院是有一定联系的。但是我们也可以从这幅图中看出，安妮赶时间与骑自行车的人是否延误了地铁的发车时间并没有关系。

第八章 有意义的历史选择

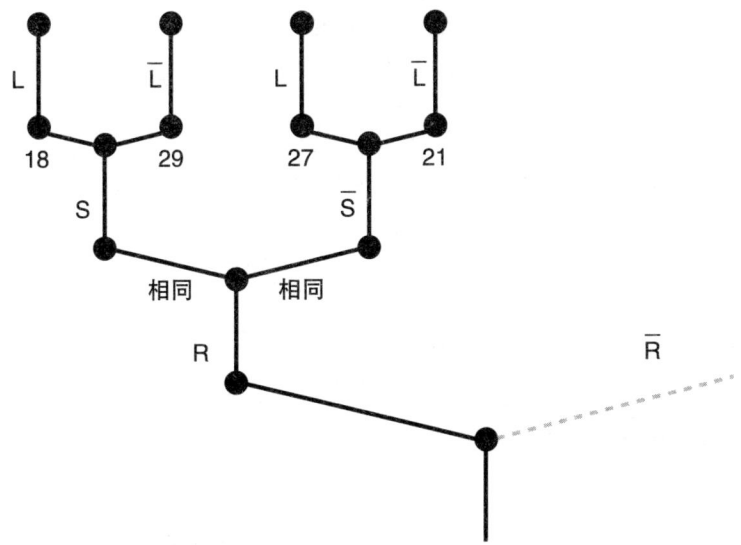

图22：R 上的每一个分权都有同样的振幅，安妮要赶时间的决定不会对骑自行车的人是否延误地铁发车有任何影响。如果骑自行车的人确实耽误了地铁按时发车（S），那么可能性之树上振幅最大的树枝（29）就是安妮没有迟到的那个（L̄）。如果地铁没有被延误（S̄），振幅最大的树枝（27）将是代表着她迟到（L）的那一根，因为在这种情况下，她将错过这趟地铁。

现在我们可以提出一个关键问题："如果安妮努力去赶地铁，一个骑自行车的人被困在地铁门口的巧合会不会更有可能发生？"换句话说，如果安妮出于对准时到达剧院的真实渴望而去赶那趟地铁，那么最有利的情况就更有可能出现了吗？我的观点是情况确实如此，我们马上就会看到这是怎么回事。

在继续往下讲之前，让我们记住，分权 S 不仅仅指我们讨论过的这一个情况，即一个骑自行车的人被卡住了。分权 S 可以代表任何一种让安妮更有可能准时到达剧院的事件。例如，S 可以指代这样一种情况：主要演员迟到了，所以演出本身被推迟了，因此安妮可以在剧院大门关闭之前进入剧院。S̄ 则意味着这种情况没有发生。只要 S 是一个偏向于安妮预期的准时到达的定性体验，我们就可以称之为共时性。

- 195 -

比黄金更宝贵

巴奈特·罗森博格（Barnett Rosenberg）是一位化学家，他研究的是电流对细菌生长的影响。他偶然发现他的细菌在不断生长，但不能复制。通过仔细分析，他发现他在培养皿中使用的一组铂电极正在被腐蚀成一种叫作顺铂的化合物。人们可以用黄金或许多其他材料制作电极，但罗森博格选择使用铂和他的共时性发现导致顺铂作为一种抗癌药物被使用。

如果你没能理解图表中的数字，一点也不用担心。有些人喜欢数字，有些人喜欢故事，无论哪种思维方式都能让你很好地理解共时性是如何起作用的。到目前为止，重要的是这些数字表达了我们所预期的安妮的可能经历之间的定性关系。直到图22，还没有出现"共时性"效果。我们只是简单地说"这个导致了那个"。现在，我们将进一步探讨，如何将骑自行车的人无意中延误地铁视为宇宙对安妮的选择的反应。

选择预期的定性体验

在第二章中，我提出属性和定性体验可以相互关联。例如，符号 $\overline{L}$ 代表可能性之树上安妮没有迟到的那个分权，它与属性 $\overline{L}$ 发生时安妮的体验是同一回事。换句话说，$\overline{L}$ 可以被看作是安妮和她周围环境的一种物理属性，也可以被看作是她所拥有的一种体验。

我们如何定义这种"体验"？观看戏剧会唤起一套与这种体验相关的特定想法、感觉和情绪。充满活力的视觉效果会通过她的眼睛唤起情感反应，声音会刺激她的耳朵，爆米花的咸味会刺激她的舌头，此外还有和朋友一起参加特殊活动时的亲密感，以及她在做一件很特别的事情的庄严感。所有这些体验——以及相应的情绪、感觉和思想——只存在于 $\bar{L}$ 这个分权上。如果她迟到了（L），这些事情就不会发生。因此，我们可以将图 22 可能性之树上的分权 R—S—$\bar{L}$ 视为如下三个事件，即安妮决定赶时间（R）、地铁被延误（S）和安妮按时到达（$\bar{L}$）。然而，这三种定性事件实际上可能会以许多不同的方式发生，但在性质上是一样的。

我们应该如何选择要实现可能性之树上的哪些特定分权呢？这与量子力学中的测量问题有关，我们在前一章中讨论过（将在附录二中继续讨论）。这是物理学中一个尚未解决的重大谜题，但我们在此不再深入探讨。我在上一章提到的是，我们的"问题"定义了我们从世界得到的一组可能的答案，然后系统会告诉我们哪些可能的答案是正确的。

如果有意义的历史选择理论是正确的，那么故事情节就更深入了一层。安妮的行动包含两个元素，即具体行动本身，以及激发行动的预期定性体验。首先，她的具体行动让她沿着可能性之树的树权移动，因为她选择竭力赶时间。这个行动让可能性之树有了 R 和 $\bar{R}$ 两个分权，并让她到达 R 分权。尽管另一个分权 $\bar{R}$ 仍然存在于这棵树上，但从她的视角来看，她只看到了这棵树的分权 R。根据关系性原则，我们必须从她的角度来定义事物，她只能体验一个分权。通过选择跑过地铁站，她实际上剪掉了那些象征着她没有这样做的树权。通过做出选择，她可以在具体的世界中前进，也可以在隐喻性的可能性之树上前进。

但是"预期的定性体验"又是怎么回事呢？该理论认为，作为有意识的存在，我们总是在预测我们的行为可能导致的定性体验。我们能够在体验还没有真正发生的时候感受到它，这种预测未来的定性体验的能力会影响可能性之树，并塑造我们的世界。

这有两种方式。首先，它根据预期的定性体验是否发生，对树上的分权进行分组。我怀疑这与物理学家所说的"选择一个基础"有关。她预期的定性体验首先给了她"迟到"和"不迟到"这两个分权，而不是其他的分权，如"爱"和"不爱"，而这可能描述在这个特定的夜晚她是否会遇到自己生命中的爱人。

如果她期待着像舌尖上爆米花的咸味这样的未来体验，如果她能够按时到达剧院，这样的体验就最有可能发生，所以这种预期的定性体验与 $\bar{L}$ 相契合。如果她预期的定性体验是"坠入爱河"，同样的潜在分权也是存在的，因为可能的结果没有改变，但它们以不同的方式分组为 L 和 $\bar{L}$。$\bar{L}$ 将不再与按时到达剧院相呼应。如果她预期的定性体验是遇到真爱，那么如果她按时到达剧院，就没有理由认为这更有可能发生。

这里，我们需要了解一点物理学家是如何比较两个属性或两个分权的。一个被称为"内积"（inner product）的数学过程测量了两个状态之间的重叠。如果你和我在一个聚会上撞衫了，我们可以想象通过逐件比较我们的衣服来计算"内积"。这样我们就可以知道我们的服装有多相似。我们可能会发现我们有 75% 的相似之处，因为除了帽子和袜子外，我们的大部分衣服都是一样的。

因为可能性之树就像我们讨论的光粒子一样是没有时间性的，根据有意义的历史选择理论，我们可以计算树的当前分权和未来分权之间的重叠。换句话说，我们可以将我们现在的行为与将来可能发生的后果进行比较。这就好像无论我们做出什么样的选择，其影响都会像涟漪一样沿着可能性之树向前延伸，直到它碰到树叶，然后告诉我们每一片树叶与我们想要的行动有多契合，而这些就会成为树上的苹果。

回到安妮乘地铁去剧院的经历："按时到达剧院"这个事件是

第八章 有意义的历史选择

由她在剧院可能有的简单的、具体的体验组成的，例如舌尖上爆米花的咸味。如果是这样，那么安妮产生这些体验的任何结果都将被视为"剧院体验"。例如，即使她迟到了，她仍有可能被允许进入剧院，但是可能没有座位，要站着观看，在这种情况下，她仍然有许多这样的体验。或者，她可能错过了演出，却发现隔壁的电影院正在放映她想看的电影，所以她仍然能尝到爆米花的咸味，获得视觉和听觉上的享受。这些仍然是有意义的结果，与她预期的定性体验一致。

当我们把可能性之树理解为一种象征，而不是物质世界的字面表达时，可能就不会因为它代表了现实的许多版本而感到不安。它们不是实际上会出现的不同现实，只是可能会出现的现实。一旦树叶告诉我们某根树杈和安妮所采取的动作之间有多少重叠，我们就可以把这些可能性归为有意义的集合。例如，安妮最终吃咸爆米花的所有结果都可以被归为一个分杈，而附近也会有一个这种情况不会发生的分杈。

这里，最后的关键步骤是做了一个有意义的历史选择。当安妮采取"赶时间"这样的行动时，她这样做是因为她在寻求某种体验。她想要按时到达剧院，因为她想要在剧院里体验到所有的景象、声音、味道、气味和感觉。她的行动既具有字面意义又具有象征意义。在字面意义上，当她尽力赶时间的时候，她确实距离地铁越来越近了。在象征意义上，她的行动和可能性之树上某种定性结果是相契合的。当她为了自己想要的体验而赶时间时，驱动她的是这样一种念想，即"我想到达代表着这些体验能够发生的那根树杈"。

在可能性之树上，未来不是什么遥远的概念。这棵树是没有时间性的，所以安妮采取的每一个行动都会作用于未来的所有可能性，而不仅仅是此时此地。对她来说，可能的未来是触手可及的。

心流生活实践指南

安妮想要赶时间的决定会作用于整个可能性之树。因为如果她能够按时到达剧院，她最有可能品尝咸爆米花，所以对这种结果有强烈的倾向性。在她冲向地铁（R）的象征性行为与她想要的按时到达剧院（$\bar{L}$）的体验之间，存在一种象征性的契合。就是在此时，她要拼命赶一赶时间的决定选择了某种定性的结果。在图23中，树顶部叶子上的数字21和43表明她的"赶时间"行为偏向于"不迟到"（$\bar{L}$）这个分权，因为43比21大。如果将她要赶一赶的象征性选择（43）乘以树枝上已经存在的振幅（29），可以得到一个相当大的数字，可以用这根树权上的一个大苹果来表示。这根树权很可能是一开始就有的，并且受到了安妮要赶一赶时间的选择的影响。这与她预期的定性体验相契合。

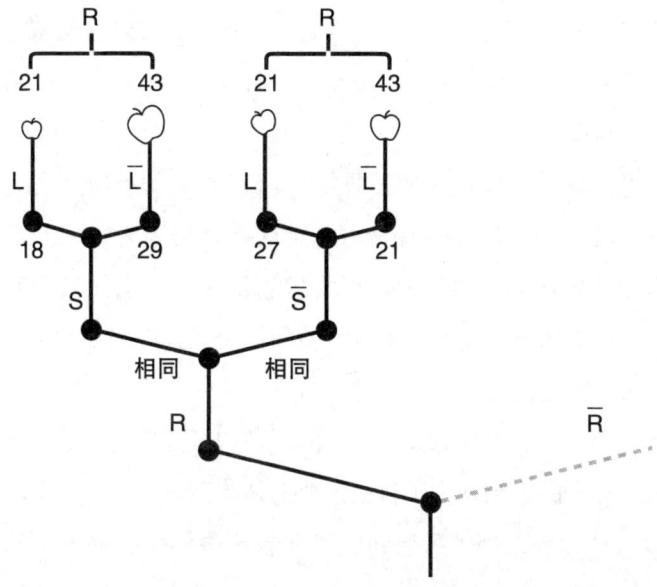

图23：促使安妮决定赶这趟地铁的是她想要的定性体验，即她在剧院里可以体验到的景象、声音、味道、气味和感觉。这会作用于可能性之树最上面的树权，让她更加靠近那些代表她没有迟到的树权 $\bar{L}$（43），而不是那些代表她会迟到的树权 L（21）。

第八章　有意义的历史选择

苹果的作用是转移每根树杈的重量。一些苹果比其他的苹果大，这个权重对应的是这根树杈发生的概率。不过，事情还没有定论。即使是有很多苹果的树杈也可能被其他没有苹果的树杈包围，这些都降低了获得预期结果的机会。我们可以根据树杈上的苹果计算树杈的重量，然后我们可以计算支撑那根树杈的树杈的重量，并以此类推。在树干上，底部的树杈承载着上面所有树杈的重量，这个权重对应于这个分杈发生的概率（见图24）。可能性之树上这些树杈变得更倾向于S，部分原因是它们与安妮的行动选择一致。她通过改变可能出现的结果的概率来塑造她的世界。

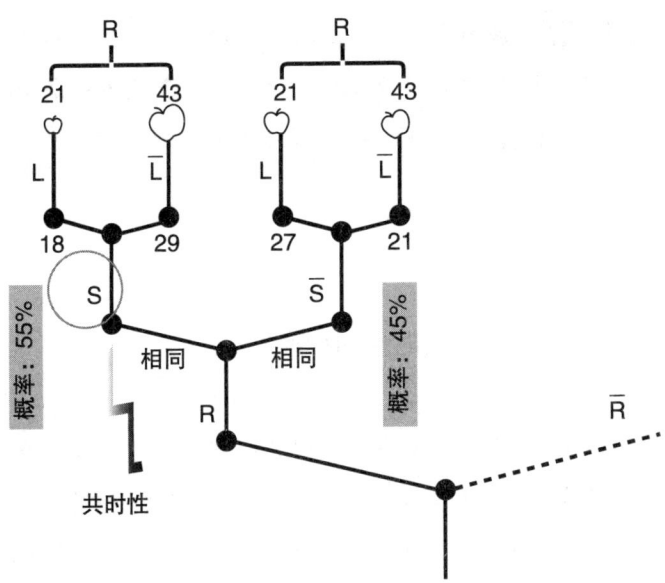

图24：每个分杈底部的振幅（如29）和顶部的振幅（如43）的乘积就是每个分杈的总权重。权重大的意味着大苹果，权重小的意味着小苹果。如果我们将树上某一区域上所有苹果的权重平均，就能得到较低树杈的权重。在这个例子中，S分杈具有更高的发生概率，虽然最初S和S̄发生的概率是相等的。因此，由于安妮选择赶一赶时间，这种情况更可能出现，即骑自行车的人会挡住车门，让她赶上那趟地铁。这就是共时性。

- 201 -

顺便提一下，预期定性体验的概念可能与一些人认识中的"意图"有关。我觉得"预期定性体验"是一个更准确的术语。首先，它允许我们在无意识的情况下预期一种定性体验，而意图似乎意味着有意识的动机。我怀疑共时性经常与我们没有意识到的预期定性经验有关，在这种情况下，我们可能认识不到事件的共时性本质。如果只关注有意识的意图，我们将不得不得出这样的结论：我们的意图对最终结果没有影响。但如果更深入地观察，并意识到我们对某种情况有强烈的情感吸引力或厌恶感，我们可能会看到，实际发生的定性体验确实是我们曾经预期的。

此外，"预期的定性体验"一词准确描述了正在发生的事情：如果我们接受体验是构建现实的基石这一观点，那么我们就有能力根据我们在身体和心灵中所预期或感受到的定性体验来影响哪些事件会发生。但是，"意图"这个词却不能以同样的方式解释它自己。

共时性的物理学

图 24 是共时性发生的地方。分权 S 代表了任何可以导致地铁延迟发车并让安妮上车的情况。分权 R—S 和 R—$\bar{S}$ 具有相同的权重，这意味着如果安妮赶时间（R），她有相同的概率最终到达 S 或 $\bar{S}$。换句话说，安妮应该有 50% 的机会经历一次幸运的地铁延误，使她能够赶上那趟地铁。但由于她决定去赶这趟地铁，树上就长出了反映她这一行为的苹果，这个数字已经上升到 55%。增长幅度似乎并不大，但这正是本书的要点。分权 S 变得更有可能，因为它本身将更有可能导致选定的象征性结果，即按时到达剧院。或者，更准确地说，是分权 S 更有可能导致安妮将会拥有的定性体验，即在剧院

第八章 有意义的历史选择

里和朋友一起一边欣赏演出,一边享受爆米花。

S 代表的是一个骑自行车的人阻止地铁车门关闭的情况,这就是一个有意义的巧合,或者说是共时性。可能会有很多种情况可以延误地铁发车,让她赶上那一趟地铁,我们可以称它们为 S。这些情况中的每一种都会导致类似的结果,即分权 S 发生的概率增加,因为它会导致安妮按时到达剧院。我们得出的结论是,**当一个人的行为与其寻求的一系列体验相契合时,有意义的巧合或共时性就更有可能发生**。这不是共时性的唯一可能定义,而是我们在本书中要坚持的定义。

共时性事件(一个骑自行车的人延误了地铁)可以被看作是"有意义的"。它不是通过因果关系直接与安妮的行为有关,而是与她预期的未来体验有关。这看起来像是安妮通过某种超自然力量让骑自行车的人卡住地铁门,但事实并非如此。安妮的选择并不能使骑自行车的人有特殊的经历。然而,因为安妮的世界是由安妮的视角来定义的,骑自行车的人当时的特定位置可以以任何方式出现。我们倾向于依赖超自然力量来解释共时性,这源于我们根深蒂固的假设,即无论我们如何看待外部世界,它都以一种确定的形式存在。从这个观点来看,如果地铁被延迟发车,要么是纯粹的运气,要么是安妮有超自然的力量来影响骑自行车的人。

我怀疑物理学带给我们的另一种世界观是世界是相互关联的。它总是从一个特定的视角来定义在这个视角下发生的事件,在我们比较它们时,只需要与所有其他视角保持一致。

所以安妮的选择改变了骑自行车者每一段可能事件的概率。虽然如此,仍不能保证她一定能得到有意义的结果。只是这种共时性更有可能发生,如果发生了,她就有机会对它做出有效的反应。我们可以在图 25 中看到,如果共时性发生了,安妮就能够赶上那趟地铁。根据两个分支的相对振幅(29 和 18)的平方,这个分权有

72% 的可能性让她准时到达剧院。与图 20 中 55% 的概率相比，这是一个很大的增加，而图 20 只是基于正常的因果关系。

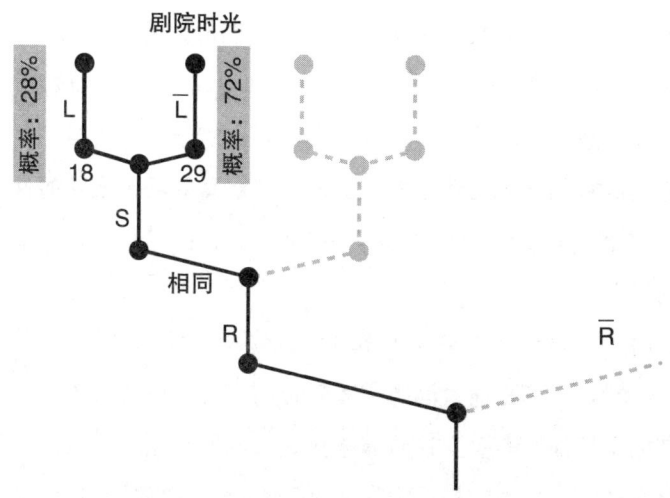

图 25：一旦地铁被延迟发车，安妮坐上那趟地铁，情况就对她有利了。在这个分枝上，$\bar{L}$ 分枝出现的可能性要高得多，这意味着她没有迟到。在图 20 中，$\bar{L}$ 分枝的原始概率是 55%，但此时已经高达 72%。

尽管我描述的共时性是积极的、有益的情况，但事实并非总是如此。我们可以换一个会产生消极后果的例子。假设安妮早早离开了家，留出了足够的时间去看演出。因为她认为自己有足够的时间，所以她在路边查看手机上的邮件来消磨时间。然后她意识到自己需要一件更暖和的夹克，所以她又回到了家中。现在她有点赶时间了，而有意义的历史选择对她不利。由于她缺乏紧迫感，这使情况偏向于 L 分枝，因为她专注于其他任务，而不是积极地期待在剧院中的体验。她的行为甚至可能建立在这样一种感觉之上："和这些人出去我很紧张"，或者"我不确定我的朋友是否真的在乎我去还是不去"，或者是"我还没有真正赢得出去玩的机会"。这些情况让她更容易犹豫。无论她的内心在想什么，都有一些东西导致她把

第八章 有意义的历史选择

准时到达剧院的重要性降到最低,从而产生了对 L 分权的偏向。此时很可能会发生这种情况,即任何事件都有可能会导致 L 分权的出现。例如,她要去的地铁站竟然正在维修中,因为她要走到下一个地铁站,所以错过了她要乘坐的那趟地铁。这种共时性使她潜在的预期定性体验更有可能发生,尽管这并不是她想要的体验。

在我看来,有意义的历史选择就是宇宙对我们做出回应的方式。它既不友好也没有不友好,既不好也不坏。它只是向我们反映了我们的行动所寻求的体验。有时我们会意识到指导我们行动的预期体验,有时则不然。这不会改变宇宙对我们的反应,但这是决定我们是否觉得宇宙友好的一个重要因素。如果我们意识到我们的行为试图实现什么,那么有意义的历史选择的结果可能会让我们感觉更好。我们可能会觉得宇宙是站在我们这边的。相反,如果我们无意识地期待一种不同于我们意识到的体验,有意义的历史选择的结果可能会令人沮丧。

然而,在解释宇宙的反应性时,我们应该保持谨慎。令人沮丧或痛苦的体验并不一定意味着我们有一个潜在的潜意识动机在与自己作对。生活充满了挑战,而我们并不是造成所有这些挑战的原因。我的建议是,我们可以利用对这一过程的理解,看看如何进入心流状态,与我们的环境保持一致,并从现在的状况开始,让事情朝着更好的方向发展。

总结一下本书的主要科学思想,那就是有意义的历史选择过程产生了共时性的体验。当我们与周围的世界互动时,我们在与整个可能性之树互动,包括世界的所有未来可能状态。未来的一些状态包含与我们的行动相契合的经验,并且是"被选择的",这意味着它们被赋予了一定的权重,即苹果。但这并不意味着我们可以肯定地知道未来,因为这些结果被其他没有苹果的分权所包围。有意义的结果被稀释了,但是如果一个分权的总重量比其他分权增加得更多，这个分权就更有可能发生。我们把这些中间体验称为共时性，因为它们会导向有苹果的树杈。它们会导向与我们的选择和意图相契合的结果。这些体验塑造了我们的世界，因为它们极大地影响着未来的结果。对我们来说，它们是有意义的，可以帮助我们在我们已经选择的道路上前进。

荣格的非因果关系原则

　　这里有一个很小的例子，可以用来表明这种非因果关系。前不久，我要参加一个活动，活动地点距离我住的地方有八分钟乡村公路的路程。我给了自己九分钟的时间，这通常是可以的。在路上，一辆警车开到了我前面并一直没有离开，我只好一路上都遵守限速。接着，我们被一辆城市公共汽车堵在了后面，因为前面有一辆警车，我没敢超车。我们在乡间小路上缓慢行驶，我只好耐心跟在后面。这些事件是共时性的，因为虽然通常情况下时间是足够的，但是这次警车和公共汽车让我迟到了，而这种体验与我缺乏紧迫感是一致的。在这种情况下，事件具有墨菲定律的意味。我经常在这条路上开车，以前从来没有过类似的经历，以后也从来没有过。在我看来，在这个特殊的日子里，我理所当然地认为我有足够的时间去参加这个重要的活动，我的行动具有一种与我遇到的意外障碍相契合的客观意义。

　　这不是一个很有说服力的共时性的例子，我也不太当真，但是它说明了共时性的中性品质。当人们谈论共时性时，这一点经常被忽略。如果按照这种方式来定义，共时性并不是好的事件或坏的事件，而是象征性地与我们所做的选择相契合的事件。它们将我们现在的行为和我们未来的预期结果联系起来。荣格说，共时性是一种"非因果关系原则"。所谓"非因果",是指事件以一种有意义的方式并列在一起,但一个事件不可能导致另一个事件。他似乎直觉地领悟到了我们在第七章中讨论的光的无时性。他说:"由于在一定条件下,空间和时间几乎可以减少到零,因果关系也随之消失了,因此,共时现象从原则上不能与任何因果关系的概念相联系。"

对不起,你是谁来着?

"有一天,当我去得克萨斯州的奥斯汀时,我完全忘记了和一个住在那里的人约好的午餐。我一个人去餐馆吃午饭,刚坐下没几分钟,一个男人走到我的桌前说:"嘿,对不起,我迟到了。"我花了一秒钟才认出他,然后我意识到他就是我要见的人!不知怎么地,我最终竟然是在我们约定的时间和地点吃饭。"(本故事由米奇·西格尔提供。)

因为这个过程不是因果关系,我们自己并没有"使共时性发生"。我们所做的一切,都是选择以一种让可能性之树偏向我们想要去的方向的方式行事。我们不能利用共时性来达到我们想要的特定结果。相反,一个特定的共时性体验可以以任何不同的方式发生。命运跟随自由意志。有意义的巧合会随着我们的选择而发生。安妮并没有努力让地铁延迟发车,她只是尽她所能要按时到达剧院。共时性总是可能性之树上出现的一个意外事件,它不是我们计划的,但符合我们的目的。它不是我们造成的,但它的发生概率随着我们的选择而增加了。与生活中通常随机的背景噪声相比,共时性通常是似乎不太可能发生的事件。

让我们再来考虑一下第二章开头的一个问题：我们的行动有目的吗？在某种情况下，每一种可能的共时性都可能会涉及世界的不同配置，但这些配置都将导向一个相似的意义。我们最终可能会成为医生、士兵、教师、艺术家、运动员或商人，这些人生道路的分歧点可能只是一个瞬间的选择，但回头看，它却决定了我们人生的整个方向。然而，这些不同的人生道路可以以相似的方式发生意义，让我们接触到我们需要学习的教训和我们正在寻求的满足感。**生活在一个共时性的世界里意味着少关注具体的物质环境，多关注环境如何与我们的核心价值观和愿望相契合。**

共时性是一个中立的过程，通过这个过程，我们的付出会得到更多的回报。世界会给我们带来反映我们行为的事件，因为我们的行为通常遵循我们的信仰体系。这一理论意味着，我们的信仰系统最终成为我们所拥有的各种体验的蓝图。有意义的历史选择只是导致这种情况发生的一种机制。这似乎就是荣格提到的非因果关系原则。它发挥着与因果关系相似的作用，但它是基于事件的意义——可能性之树的象征性语言——而不是事物之间的实际互动。

天堂图书馆

另一种考虑可能性之树的方法是将其想象成一个图书馆。想象一下，你正在穿过一个大图书馆，拱形的天花板，高耸的书架一排排向四面八方延伸。你看到的每一本书都有属于它的故事，讲述着冒险或悲伤、不幸或欢庆。图书是按体裁来排列的：有虚构作品和非虚构作品，有冒险故事、科学传记和烹饪书。

你站在两个高高的书架之间的过道上，周围是特定体裁的书，你看着与某个主题或某一位作者相关的书。在你站的地方，有一百

第八章　有意义的历史选择

多本书可供选择。

可能性之树就是这样。从你目前在树上的位置来看，有些体验是可能，但有些体验是不可能的，就像你不能在政治哲学区找到一本关于赛车的书。可能性之树就像一个图书馆，你走过的每一条路都是书架上的一本书。这些书代表了每种可能情况下的所有可能结果。它们是可能性之树上的树杈，代表了整个宇宙的所有可能性。

在我看来，这就是科学家对天堂的定义。我用这个词来指代"全部的可能性"，而不是某种超验的完美。我们可以把可能性之树想象成天堂的图书馆。它不是一个亚马逊网站，我们不用离开座位就可以搜索和购买任何我们想要的书。在天堂图书馆里，为了找到我们想要的书，我们必须穿梭于书架之间。我们生活中的每一件事都是可能性之树上的一个分杈，所以每当有事情发生在我们身上时，我们都是在穿过图书馆。我们对生活中每一件事的反应会影响我们在图书馆的某个区域。

在天堂图书馆里，所有的可能性都存在，但显然不是每一种可能性都可以以某种有利于我们的方式实现。当有人说"一切皆有可能"时，他们似乎是在借鉴这样一种概念，即量子力学是一种关于"无限可能性"的理论。但量子力学的可能性并不是无限的，也不是在任何地方都同样能够实现。我们会受到当前所在的图书馆区域的限制。

我认为这句话的真正含义是，每一种象征体验都是可能的。通过有意义的历史选择，总有可能想象出某种体验，比如说成为一名医生，然后采取措施实现这种体验。如果一个80岁的人一直梦想成为一名医生，要想去上医学院并成为专业医生，这是不现实的。然而，他可以通过在当地医院做志愿者或成为他认识的人的看护人来实现同样的目的。在我们目前的情况下，要想创造出一个特定的理想的情况，这并非总是可能的。过去的某些机会已经从我们身边溜走，不会再以同样的形式再次出现。然而，只要有适当的行动和足够的耐心，即使一个特定的机会已经错过，我们仍然可以获得其他类型的体验。为了获得特定的体验，我们必须熟练地在图书馆中移动。并非一切皆有可能，但有了有意义的历史选择，可能性似乎比我们想象的要大得多。

第九章

你是一朵火花

变革者会通过承担小风险来激发一系列环境中的能量，看看哪些共时性会出现。激发有意义的情境是导向心流生活的直接途径。现代世界充满了可以激发创造力并建立各种联系的时刻。真实性可以让任何一场稀松平常的办公室会议变成一个人际联系的平台，甚至会带来新的创意。提出对我们真正重要的问题（"我们能不能通过传递一根棍子来确保每个人都有机会发言"），或者提出一个看似不同寻常的想法（"你想把会议挪到外面的院子里吗？"），这些都是很好的开端。家庭聚会、地铁、派对、公共场所、音乐会……只要我们用心倾听，就会有很多机会点燃火花。通过观察内心的指引，我们可以养成可用以辨别生活中哪些机会对我们和他人有益的洞察力。

我们点燃的火花是一个行动，它会引导我们走向我们希望实现的象征性结果，例如在工作中做真实的自己，它以一种有意义的方式影响可能性之树上苹果的分布，也就是说，偏向于导向这种情况的事件。点燃火花通常感觉有点冒险，这表明我们正在把能量投入一种情况，以改变它的轨迹。我们永远不知道我们的火花会产生什么，但当我们认识到潜在的积极的情况，并大胆地踏入未知时，就可以相信某种有利的情况会出现。我们无法控制火势，但我们可以影响燃烧的方向。我相信我们的工作是成为我们所希望的体验的催化剂。

作为一个音乐人，我的生活一直在提醒我，为了开辟一条道路,需要点燃一朵火花。正如我在第四章所描述的,当我去明尼阿波利斯看望我的妹妹和她的孩子时,我在社交媒体上发布了一条信息,希望在这里结识音乐上的同道。一个名叫玛丽的人做出回应,她是我一个从未谋面的朋友的朋友,邀请我第二天晚上去参加一个音乐晚会。

获得正确的最终结果

当我在旧金山州立大学攻读物理学研究生课程时,我每天坐两个小时的公共汽车到学校。在乘坐公共汽车之前,我首先要开车赶到车站。有一次,我需要用在公共汽车上的两个小时来赶功课,却找不到车钥匙,因为我把钥匙落在丹娜的车里了。我知道她可能很快就会回来,但如果我等她太久,我就会错过公共汽车。我的朋友汤姆发短信告诉我一个隐蔽的公交车站的位置,我可以去那里,只要我能赶在公共汽车之前到那里。但是当车来的时候,里面已经挤满了人,几乎没有任何站的地方,所以我似乎没有办法学习。我侧着身子走到后排,发现有人的背包占了一个座位。他把背包拿下来,给我腾出了座位。最终,我不仅按时到达了学校,而且完成了拖欠的功课。

这是一场由一位艺术赞助人主持的优雅的本地爵士乐活动。当我跟着玛丽走进客厅时,我发现了一些明显的共时性线索。她带我们通过一扇特别的门进来,让我们坐在前排。我坐在离一架小型三角钢琴三英尺远的座位上,钢琴旁边有一架电子琴。

我在公共场合表演时总是会感到羞怯,为了让自己走出舒适区,当生活中出现这样的机会时,我总是努力去抓住。这些情况使我保持警惕。

他们演奏的第一首歌的和弦我很容易就能听出来。电子琴没有人使用，我过去试了一下，以确保我这样做是为了好玩，而不是为了出风头。然后我走上舞台，随着音乐演奏了起来。在一位钢琴师演奏之后，我又来了一段独奏。之后，我有点不好意思地笑了笑，回到我的座位上。

玛丽有点不知所措。她转过身来说："你能积极参与太棒了，但是下次这样做的时候请先给主人打个招呼。"我是一个陌生人，我理解为什么主人会对我的突然参与感到紧张。我开始感觉很糟糕，担心自己并没有真正点燃火花，反而让自己出丑了。

但在接下来的一首歌中，主唱直接看着观众席中的我说："你不打算和我们一起唱这首歌吗？"我大吃一惊，根本没有时间思考，要么参与，要么不参与，最终我选择加入其中。显然，我的大胆举动激发了一些意想不到的事情。

演出结束后，人们在大厅里应酬，主持人邀请我弹钢琴。当我唱《我的罗曼史》（*My Romance*）时，主唱从大厅走回来说："我想和你一起演唱。"从这个小小的火花开始，整个乐队开始了长达一小时的即兴演奏。这一次，我完全融入其中。

如果我没有点燃火花，会发生什么？我可能会度过一个愉快的傍晚，我会交一些朋友，欣赏我看到的表演。我之后的生活基本上和之前一样。但正是因为这个火花，我和一个新社区的朋友和专业人士建立了联系。我参与了一场充实的音乐体验。这次旅行给我留下了无价的回忆。玛丽成了我新的声乐教练。那天晚上，我的生活发生了巨大的变化，这次经历让我更加相信自己的内心世界。

我们都有创造力，但我们不只是创造东西，如音乐、艺术、科学或商业产品。我们可以使用共时性来创造情境。要想改变世界，没有比创造情境更有效的方法了。教育工作者深知这一点，因为学生的学习是不能强迫的，只能邀请他们加入，点燃他们的热情。如果你能创造合适的情境，你可以愈合世界上什么样的裂痕？如果你能把合适的人聚集在一起，你能解决什么问题？如果你能找到合适的条件，你能在生活的哪个方面取得更大的成功？

我们现在可以回到最初的问题：生命的意义是什么？我们的行为有目的吗？宇宙是友好的吗？在我看来，生活的目的是创造有意义的情境，使这个回应性的宇宙成为一个更友好的地方。

每个人都是心流意识的赢家

LORRAX 过程可以帮助我们激发更多独特的情境，并找到我们的心流。我们可以倾听生活中的事件，对它们可能带来的冒险或创造的可能性敞开心扉，长时间地思考它们学到新东西，放下我们关于应该做什么或不应该做什么的先入之见，大胆行动，永远不要停止从生活中学习的过程。生活在心流中是一个动态的过程，在这个过程中，我们不知道接下来会需要什么。它意味着在任何情况下都要与生活保持联系，并放弃这样一种信念，即我们可以确信什么是真实的。用约瑟夫·贾沃斯基的话来说，这意味着"倾听世界上想要出现的东西，然后有勇气去做需要做的事情"。这并不意味着采取一种优柔寡断的相对主义，生活在心流中是一种承诺，要重新评估我们每一刻的理解，用新的眼光看每一种情况，用新的耳朵听每一段对话。这就是科学在其最佳状态时的工作方式，也是精神生活最佳状态的决定性特征。

就像水会避开山峰，并且在山谷的中间流动一样，心流也会选择一条中间路线。在这条道路上，我们尊重我们对物质充裕的外在需求，因为物质充裕可以教我们很多，也可以带来很多快乐。我们

第九章　你是一朵火花

也尊重我们对有意义的体验的内在需求，因为它们让我们的生活更加丰富多彩。在不否认我们自身需求的情况下，我们可以找到一些事情去做，为这个世界带来更多的爱和关怀。通过勇敢、感恩和自发地发自内心的生活，心流帮助我们在世界上找到一种更深层的动态安全感，即使外部环境令人感到不确定。这种动态安全感来自遵循我们内心的指南针来决定哪些事件是有意义的，以及我们选择进入哪种心流。

以这种方式完全进入我们的生活，我们每个人都可以成为心流意识转变的一部分，这可以支持世界范围内的创造力复兴。这种转变已经开始了，越来越多的人朝着一个适合每一个人、尊重每一个人的世界的方向建立了象征性的势头。在心流意识中，我们的选择积极地塑造了构成我们世界的体验类型，但我们放弃了对于控制外部世界本身的担忧。

贾沃斯基是这样看的："如果个人和组织从生成导向出发，从可能性而不是顺从出发，我们可以创造我们所生活的未来，而不是仅仅在到达那里时对它做出反应。"随着气候变化的发展，生存的需求变得越来越紧迫，我想我们会发现自己自然地更加依赖彼此。当我们这样做的时候，我希望我们能改掉争夺注意力或资源的习惯。心流让我们参与到一个丰富的宇宙中，在这个宇宙中，我们知道——我们内心深处感到——这个世界上的东西足够了。当我们依靠心流获得成功时，我们就不再依赖于特定的做事方式。因为我们在可能性之树上有很多可能成功的分枝，我们不再把其他人视为我们的竞争对手。我们首先看到的是他们的人性，其次是激励我们成为最好的自己的竞争所带来的兴奋感。因为我们可以通过心流而不是武力来实现我们的目标，所以不择手段的动机就减少了。制约、冲突和复杂因素成为推动创新的积极动力。

生活在心流之中可以被视为一条实用的道路，也可以被视为一条灵性的道路，这取决于我们的个人气质。在谈到实现了一定程度的自我组织的企业时，拉鲁表示，这种转变往往伴随着"这样一种强烈的感觉，即我们都是联系在一起的，是一个大整体的一部分。经过许多次的认同否定之后，随着我们学会完全独立，变得对自己更加真实，我们会意识到自己是一切事物的组成部分"。人们会自然地寻求"与自己和他人之间的整体性"。

我们可以进入心流状态，通过提高自己、战胜心魔来改变世界。我们所体验的外部世界是我们内心世界的反映，当我们愿意选择真诚时，很多问题会迎刃而解。就像我在第二章中提到的房间翻修工程一样，我相信，当我们允许自己生活在心流之中，真诚地感受我们的体验，在尽人事和听天命之间找到一种动态平衡时，我们会体验到更强的幸福感，这不仅仅是我们自己的幸福感，还有整个集体的幸福感。在今天非此即彼的美国，一些人相信个体的力量，另一些人相信集体的力量。但在心流中，集体的成功与个人的成功是一致的。

在我看来，这是超越旧范式并引领我们进入新时代的巨大奥秘。有没有可能找到一种既造福他人又造福自己的方式呢？有没有可能在追求个人和职业成就的同时，解决诸如气候变化、社会正义或其他你关心的集体问题呢？我相信，如果我们生活在心流之中，答案是肯定的。

共时性宣言

在这个至关重要的时代，当旧的解决问题的方法不再奏效时，生活在心流之中是一种前进的方式。

如果我们能够生活在共时性和心流之中，就不会为错过的机会

第九章　你是一朵火花

感到遗憾，而是会看到生活是如何支持我们的选择的。当我们意识到任何选择都会受到宇宙支持时，我们可能会感到无所适从。所以，我们的首要任务不是找出正确的事情去做，而是弄清楚我们内心的目标是什么，然后培养前进的勇气。

如果我们能够生活在共时性和心流之中，就不会总是觉得自己面临着不可逾越的障碍，而是会注意到解决问题的切入点，让我们能够抽丝剥茧，找到解决方案。

如果我们能够生活在共时性和心流之中，就不会觉得我们的选择并不重要，而是会看到有多少机会可以有目的地生活，塑造我们的世界，即使是在很小的方面。我们可能会对自己的处境感到失望，但肯定不会觉得自己不重要。当我们看到周围的世界以创造性的方式回应我们的选择时，我们怎么能觉得自己不重要呢？我们可能会感到气馁、沮丧或疲惫，但我们肯定可以看到有意义的历史选择赋予我们的权力。

从这种赋权中，将他人视为障碍的感觉可能会转变为一种自我反省，即我们可能在哪些地方想要调整或成长。在可能性之树上，到处都是苹果。如果一个人似乎挡住了我们前进的道路，只要心中有整棵苹果树，我们就能拓展我们的自我意识，寻找让双方都能接受的其他方式。

最重要的是，尽管共时性出现在我们的外部世界，但它出现的次数越多，我们就越不需要从外部寻找意义和方向。我们可能会更加相信自己。

要想知道一个有意义的巧合对你意味着什么，唯一的方法就是审视你自己的内心。共时性是个人化的。它是大自然用来直接与你交流的语言。当你努力以个人的方式理解生活中事件的意义时，就会进入一场完全属于你的、神圣的宇宙之舞。

附录一　共时性揭秘

如果真有共时性现象,那它肯定不是新的。纵观历史,它可能曾经影响了宗教和其他形式的前科学思维。最近,社会科学已经做了重要的研究,以理解我们人类在世界上寻找意义和模式的倾向,即使它们并不客观存在。因此,我们有必要考察一下这些研究及其对共时性的认识。

"关联紊乱"(apophenia)描述的是一种倾向,即在不相关的事物之间看到有意义的联系,在我提出有意义的历史选择理论时,这显然是一个考虑因素。我将在这里讨论的情况都是关联紊乱的例子。如果有意义的历史选择理论是正确的,那么关联紊乱可能不仅仅是一个不恰当地赋予意义的简单案例。相反,在有些情况下,某些外部事件和我们对这些事件的内部预期之间可能存在某种有效的相关性。从这个角度来看,当与模式建立相关的心理困惑出现时,一个需要考虑的重要因素可能是无法以建设性的方式从内部管理这些有效的自我参照体验。

我们通常会如何解释有意义的巧合的发生?研究表明,有意义的巧合至少可以在一定程度上解释为一种认知错觉。这种观点认为，大脑在进化过程中形成了出色的模式匹配能力，它经常会在事件之间可能不存在联系的情况下形成有意义的模式。也许我们受到了强烈情绪的影响，比如我们可能会因为配偶的行为而生气，但是这种行为可能与过去的冒犯无关。我们可能会从模式匹配中获得显著的好处，导致我们在试图预测股票市场时产生迷信。或者，如果我们觉得自己与宇宙相连，是一个更大计划的一部分，就可能会体验到一种渴望的安全感。在这些情况下，我们的大脑通过认知偏见假设外部世界的模式，例如在肯定偏见（affirmation bias）中，个体会有选择地解释信息来支持他们已有的结论。还有一种是频率错觉（frequency illusion），即个体往往会注意到最近学过的东西，并赋予其重现以意义。

这些都是我同意的合理观点。我将在这里谈到的争论的焦点是，这些观点的目的是通过仅仅诉诸神经科学、认知科学和统计学来解释我们所拥有的实验数据，因为物理科学似乎还没有对关联紊乱做出很好的解释。我的方法有些不同。我从量子力学和狭义相对论的基础研究开始，我发现在我们所知道的科学知识和人们对有意义巧合的体验之间，似乎存在着紧密的联系。我与其说是在寻找共时性的解释，不如说是在描述我所认为的物理学的认识，然后四处寻找有关证据。这种现象似乎以共时性的形式出现，而且似乎相当普遍。我们不再需要在超自然或认知错觉之间做出选择，因为我相信在物理学领域里有一个合理的解释。

我怀疑很多被认为是巧合的例子实际上是认知偏见的结果，然而，这并不意味着所有的巧合都属于这种错觉。在我看来，最有可能的是，认知偏见和有意义的历史选择都发挥了作用。有意义的历史选择表明，宇宙确实创造了模式来回应我们在世界上的行为，而我们的大脑也会创造出虚幻的模式。这两种现象并不总是一致的。

因此，似乎有必要认真对待这一现象，因为我怀疑有意义的巧合的发生率确实高于偶然。但我们不应该把它看得太重要，因为我们永远不可能确定一个事件与我们的相关性是什么。我强调过，我们的最终向导是内心关于对错的判断。与其用简化主义的认知理论来描绘这种情况，即认为所有的关联模式都是错觉，我们不如仔细区分错觉和真实的物理现象。换句话说，我认为我们的大脑生来就会注意到模式，并且我们也生活在一个本来就会产生模式并对我们的行动做出反应的宇宙中。

心理学家理查德·怀斯曼（Richard Wiseman）对运气进行了研究，以确定是否有些人天生就比其他人更幸运，以及我们是否可以做些事情让自己变得更幸运。他的发现表明，至少在某种程度上，拥有好运气是我们可以养成的习惯或行为的结果，这些习惯或行为使我们更有可能发现和利用意料之外的机会：

> 那些不够幸运的人之所以会错过机会，是因为他们太专注于寻找别的东西。他们参加聚会的目的是寻找完美的伴侣，因此错过了结交好朋友的机会。他们为了找到某些类型的招聘广告而浏览报纸，结果错过了其他类型的工作。幸运的人更放松和开放，因此能看到那里有的东西，而不仅仅是他们在寻找的东西。

怀斯曼说，创造和注意偶然的机会是自称"幸运"的人经常使用的四项技能中的第一项。幸运的人似乎也擅长根据自己的直觉做出幸运的决定，通过积极的预期做出自我实现的预言，并采取一种能将坏运气转化为好运气的弹性态度。怀斯曼这里说的是个人以富有成效的方式应对环境的能力，这些都与巧合实际发生的可能性无关。这与有意义的历史选择现象是完全一致的，即有意义的情况的出现概率高于偶然性，也与个体的认知偏差是完全一致的，这种偏差会影响他们对情况的理解。这两种情况并非相互排斥。人们确实倾向于放大和夸大生活中有意义的联系，但这并不意味着没有真正有意义的联系。有人可能会说，心理学上的解释就足够了，所以不需要物理学上的解释。在本文中，我试图说明为什么我认为这一观点还不能充分解释这一现象。不管这种现象是否需要用来解释心理行为，我都怀疑基于基本物理定律的物理解释确实存在。

在注意共时性甚至通过培养某些品质（如大胆、真实性、随心而活和进入心流状态）为其创造条件的过程中，个人可以发挥十分重要的作用，这方面我已经讲了很多。怀斯曼总结说，"幸运"的人通常更放松、更开放，我也强调过这些品质。他没有对有意义的情况发生的潜在频率做出任何评论。

怀斯曼关于跟随直觉创造自我实现的预言的建议与我的建议是一致的，即通过遵循一个倾听、开放、反思、释放和行动的循环，我们可以创造一个积极的反馈循环，在这个循环中，世界与我们保持呼应。通过自己的行动，我们可以逐渐积累导向某种特定结果的象征性的动量，这个过程基于我们的预期体验，而这种体验可能与怀斯曼所说的自觉有关。**怀斯曼的"积极预期"是这个循环的重要组成部分，因为只有通过积极的期望和弹性的态度，我们才能从建设性的角度解读世界的反应，并利用这些信息采取进一步的建设性行动，导致自我实现的好运预言。**有意义的历史选择在每一步都发挥着影响，使结果与我们所做的选择一致（当然，最好是基于积极的期望）。

至少，这些观点看起来并不冲突。在最好的情况下，它们甚至可以非常一致。在我看来，怀斯曼发现了一个影响积极的有意义的巧合体验的因素，但他认为这是唯一的因素。我不知道他的研究中是否有对照实验，这些实验的发现可以减少真正有意义的巧合发生的频率。这样的实验似乎很难进行，因为这些人都是生活在现实世界中的人，而不是实验室里穿过缝隙的电子。他做的只是那些能够证实心理因素创造或增强"运气"的解释的有效性的测量。他的结论似乎是，积极的有意义的巧合之所以发生概率更高，仅仅是选择性感知的结果。另一方面，他的数据似乎并没有表明选择性感知是解释积极的有意义的巧合的唯一因素，而仅仅是一个吸引人的因素。

有趣的是，在这里展示的模型中，怀斯曼也用了一个苹果的类比来描述一个人如何通过尝试新事物来增加运气。在苹果园里，你不断沿着同一条路走，你会逐渐发现苹果越来越少，因为那些树上的苹果已经被你摘掉了。这就像我说的，昨天的大胆行动变成了今天的默认模式（见第四章"积聚动量"）。在可能性之树上，我们已经得到了这些苹果，如果我们继续做同样的事情，我们会得到更多相同的苹果。但如果我们想要新的体验——或者像怀斯曼所说的那样，希望运气更好——我们就必须拓展到新的领域。在我的苹果树的类比中，这意味着采取大胆的行动来识别新的苹果，并前往树上满是这些苹果的不同区域。在怀斯曼的果园里，这意味着要走不同的路线穿过果园。我们采用的类比是不一样的，他说的是一条通过单一版本的现实（果园）的道路，而我说的是对现实的不同可能版本（树的分权）之间的选择。尽管如此，两者之间还是有一些有用的相似之处。

怀斯曼说："这项研究鼓励人们从巫术的思维方式转向对运气更理性的看法，并利用科学和怀疑精神来增加人们生活中的运气、幸福和成功。"我同意这一观点。我所展示的研究在一定程度上表明，怀斯曼可能认为的一些"巫术思维"实际上可以用物理机制来描述。换句话说，它利用了一些科学界人士所谓的"形而上学"的一部分，并提出通过提供一个可证伪的解释将其推广到物理学中。怀斯曼的研究似乎并没有与这种方法相矛盾。

另一个经常被引用的对共时性的解释是我们之前提到的频率错觉。如果一个人接触到一种新的想法或一种新的事物，他会发现自己一次又一次地再次遇到它，这至少可以部分归因于选择性注意（我们的大脑倾向于注意它期望或想看到的事物）。

我对共时性的研究关注的是那些对个人有真正意义的体验，基于他们所采取的行动可能产生的结果。相比之下，频率错觉常被用来解释那些毫无意义或与个人目的无关的情况。

举个例子，假设我们正在考虑购买一辆新的红色跑车。在接下来的几天里，我们就会发现红色汽车随处可见，无论是在高速公路上，还是在朋友家或广告里。我们可能会认为这是一个"信息"，告诉我们应该购买红色的汽车。然而，在大多数情况下，买什么颜色的车这个问题是完全没有意义的，所以在我看来，试图决定到处看到红色汽车是否有意义是浪费时间。将这样的一个例子视为有效的共时性是不公平的，因为这更多的是一个小把戏，而不是一个有意义现象的真实例子。如果有人用这个作为同向性的例子，然后用认知偏差（比如频率错觉）来解释它，他可能会觉得自己已经"解释"了共时性。但我认为这是没有对这个问题进行仔细的科学分析的结果。我们应该选择能够展示所有可能的有意义体验的例子。例如，如果我们要讨论频率错觉，我更喜欢用这样一个例子：如果你正在考虑是否要结婚的问题，就会突然间到处都能看到婚姻的影子。

然而，我对巧合意义的理解其实只是我的一种偏好。在买红色汽车的例子中，红色汽车的决定可能真的对那个人有意义，在这种情况下，有意义的历史选择理论应该是适用的。我们应该记住，有意义的历史选择据说会增加我们所预期的情况（红色汽车）的发生概率。它会把我们的行动反射到我们自己身上。因此，看到到处都是红色的汽车不应该被理解为外部建议。这更像是在世界上看到这些符号的概率的增加。在我看来，意义或相关性是来自我们自身的东西。外部体现提醒我们检查我们自己的内部指导，并决定环境是否与我们的目的相关。

博主艾伦·贝洛斯（Alan Bellows）说频率错觉"与共时性有一些相似之处。这两种现象都让人感到轻微的惊讶，并让人思考发生这种交集的可能性。两者都带有命运的意味，似乎这些事件就应该按照这种安排发生，就好像我们正在目睹另一块多米诺骨牌在我们无法预料的多米诺骨牌链中倒下"。我怀疑这些事件反映了我们的内在动机，而不是宇宙信息。因此，有一个真实的现象导致了这些事件，但如果认为信息的来源是我们自身之外的意识就可能会犯错误。换句话说，我认为问题不在于赋予外部事件意义，而在于认为最终来源是外部的。

在同一篇文章中，贝洛斯指出："几个世纪以来，科学告诉我们，直觉本身是有严重缺陷的，不能盲目相信。原因是我们大脑的模式化倾向。我们的大脑非常善于识别模式，这一特征对学习非常有用，但它确实会使大脑对不显著的事件赋予过多的重要性。"从字面上看，我同意这一说法，但其措辞可能会造成混淆，导致对直觉的偏见。作者并没有说直觉本身是完全错误的，根本不值得信任，但这似乎更接近句子的原意，这当然也是我从阅读中得到的信息。如果是这样的话，贝洛斯是在用他形而上学的偏好来影响读者的结论。我同意下面这个稍做调整的说法："直觉有时是不清楚的，有时会导致关于情况实际性质的不准确的结论。不能盲目相信直觉，但它可能有一些好处。因此，我们最好在理性和直觉之间找到适当的平衡。"

诚然，频率错觉至少可以部分解释为认知偏见，然而这并不能使我们从逻辑上得出结论，认为这是解释它的唯一因素。频率错觉完全符合这样一种可能性，即如果物理学确实是正确的，我们的行为可以通过有意义的历史选择来影响物理环境。

　　我们经常会遇到一些立场比较坚定的作家或个人，他们认为，因为认知偏差是存在的，可以把共时性现象解释为一种错觉，甚至把这种影响称为"错觉"而不是"偏见"。在我看来，这些方法通常是过度概括的。例如，有人可能会问，当这些体验完全在统计和认知偏差的范围内时，为什么我们还需要对共时性进行物理描述？然而，有意义的体验有许多不同类型，为了正确地进行科学研究，我们必须考虑到它们之间的区别。一些有意义的巧合无疑可以用统计数据和认知偏差来解释，但这并不意味着所有的巧合都是如此。我们不应该陷入一个或另一个形而上学的极端，要么认为"没有意外，一切都是共时性"，要么认为"一切最终都是由偶然性描述的，意义纯粹是主观的"，我们应该具体问题具体分析，认识到何时何地多重因素可能影响有意义的巧合的可能性。

附录二　量子力学诠释

　　量子力学不是一门被理解得很清楚的学科。它对现实世界的意义的解释从本质上是模糊的。"外面的世界"是真的吗？物体之间的相互作用是否仅限于因果联系中的物体？虽然数学预测（以统计趋势的形式出现）已经经过了精确的检验，但一些关于世界的潜在问题——以及我们应该持有的世界观——并没有被当前的理论所回答。在这里，我将打开一扇足够大的窗口，让我们看到这些问题如何与本书中涉及的主题相关。

　　总的问题被称为测量问题。它反映了一个实验事实，即一个可以测量的系统的状态既反映了测量的方式，也反映了系统本身。因此，我们必须在一定程度上考虑进行测量的人和用于测量的物体。

　　此外，数学表明，任何物体在没有被观察时都会逐渐进入许多可能的状态，就像本书讨论的可能性之树。但根据常识，这似乎不是正常物体——椅子、人、月球——的行为方式。因此，我们只能试图理解为什么宏观物体（即大到足以看见的物体）对我们来说是"正常的"。在"薛定谔的猫"这个思维实验中，一个人把他的猫放在一个盒子里，这样他就无法获得关于猫的更多信息。然后，他还在盒子里设置了一种杀死猫的方法，比如一小瓶毒药，连接到一台只有在放射性铀原子衰变时才会触发的机器上。现在，我们知道放射性衰变是一个量子过程，可以用一个有分权的可能性之树来描述。因此，在代表着发生放射性衰变的树权上，有毒物质被释放，猫就会死亡，而在其他树权上则不会。我们必须合乎逻辑地得出这样的结论：即使像猫这样的大物体也可以用可能性之树上的树权来描述。

那么，为什么猫在现实生活中不是这样既活着又死了呢？在我看来，这个问题揭示了一种不幸的误解。人们花费了大量的精力来解释这个直观而明显的"事实"，但它却根本就不是一个事实。原因是人们永远不应该期望看到一只猫的量子叠加状态，因为量子叠加只发生在我们不观察猫的时候。因此，我们与猫的任何互动，或者与世界的其他部分的互动，将总是会提供一个确定的结果。我们总是会看到一个"经典"的世界，即使那个世界是纯量子的，因为那正是"看到"所做的。放射性原子也是如此：如果我们与它相互作用，它就总是处于一定的状态，所以我们也看不到微观物体的量子叠加，而只是从统计数据中推断出来。量子力学研究的是当我们没有观看的时候，世界在发生什么。

然而，许多努力被用来解释那些本质上是形而上学的观点，而不是科学的观点。主流观点提出了关于宏观世界的命题：它既是确定的（猫处于单一状态），也是客观的（"外面的世界"存在，但没有定义谁在观察它）。宏观世界是确定的，这个命题是一个形而上学的假设，它往往符合人们对世界应该是什么样子的认知偏好。宏观世界是客观的，这一命题已被证明是错误的，即使在主流观点中也是如此。因此，在我看来，这种观点既没有理论支撑，也没有事实支撑。

目前被广泛接受的解释宏观世界正常现象的观点被称为"退相

干理论"（decoherence theory）。下面是它的工作原理。在第七章中，我们讨论了太空中卫星上的一面镜子，它能将仙女座星系的光粒子反射到休斯敦或芝加哥的实验室。你可能会想，当光线从卫星的镜子反射回来，甚至在它到达卫星之前被太空中的尘埃反弹开来时，它被卫星或尘埃"观察到"，此时它可能的历史坍塌为一个现实。这是退相干理论的观点，即宇宙中的所有事物都扮演着"观察者"的角色，所以这些量子存在的可能性不会持续太久。然而，为了确立这一观点，退相干理论假设"环境"不遵循量子力学的法则，或者更准确地说，量子力学奇怪的方面在统计上被大量的粒子群冲掉了。换句话说，光并不是以一棵可能性之树的形式存在的——它只是一个单一的确定状态。在关于这个命题的准备工作中，其主要提出者说："我们也可以自由地假设存在一个（确定的）环境。"括号中"确定的"这几个字是我补充的，强调他似乎把我所说的宇宙的"客观确定"本性视为理所当然。

我的研究很大一部分是为了支持另一种观点，即"关系性"。在一个关系性的宇宙中，退相干仍然会发生，但只是作为实体之间的一个相对过程。当两个物体相互作用时，它们很快就相互关联起来，退相干就描述了这一过程。但是这两个物体相对于其他物体，没有发生退相干。当然，关系性表明，卫星和太空尘埃确实能观测到光，但它们不能消除所有的可能性。相反，它们本身进入可能性。如果你不能打败它们，那就加入它们。换句话说，可能性之树是相对于每个观察者来描述的。

第七章中描述的光的无时性把我们引向关系性的观点。因为光之旅的起点和终点总是同一个事件，在未来，光线是反射到芝加哥，还是反射到休斯敦，这取决于人类的自由选择，那么光的状态必须取决于是谁或什么在测量它。例如，想象一下光从卫星上反射之后，尚未到达地球、仍在地球大气层中穿行的那一刻。从卫星的角度来看，情况已经确定。但对于休斯敦一名等着看是否能探测到光的实验室技术人员来说，光的状态还没有确定。此时怎么能够确定呢？当光离开仙女座时，在某些可能性中，它与他们实验室的探测器有一种没有时间性的联系。光的产生和它在休斯敦被探测到一起构成了一个单独的（可能的）事件。不可能有中间事件改变同时存在于过去（光离开仙女座）和未来（在休斯敦探测到光）的可能性。

这是一个很难的话题，我已经在别的地方讨论过了。在这篇文章中，我们已经相应地假设了关系性是真实的，并且"薛定谔的猫"的状态描述了我们所知道的整个世界。然而，每当我们看到某物时，那些众多的可能性总是给我们一个明确的、显然非量子的单一版本。如果事实并非如此，那么这本书的前提就有问题了。

同样有争议的是我的另一个前提，即定性体验是自然的基本构建模块。哲学和认知神经科学领域对这个问题都有研究，但是两者都不在我的专业范围内。这一观点的支持者包括哲学家大卫·查尔默斯，他的博士论文为整整一代研究人员定义了这个问题。这一观点也不乏批评者，如哲学家丹尼尔·丹尼特（Daniel Dennett），他声称根本没有必要用定性体验来描述现实，因为定性体验可以用物理学、化学和生物学中描述的更基本的物理性质来解释。

虽然有些人认为这场辩论纯粹是哲学上的，但我怀疑它会导向像共时性这样可测量的现象，因此最终可以被测试并进入物理领域。

附录三　计算共时性的概率

在第四章中，我描述了这样一种共时性：我连续四周参加了一家精神机构的活动，希望有机会在那里义务表演。在第五周后，我接到了一个不相关的电话，通知我在一个类似的精神机构担任带薪音乐总监。在这里，我将简要讨论如何证明这确实是一个有意义的巧合，而不仅仅是侥幸。

我还不知道如何自信地计算这种经历的概率，因为涉及这么多因素。有人可能会问，我有多大的可能性会在那一周得到这份工作，而在这一年中，我一直在积极地发展自己的音乐事业。这种可能性大约是 1/50，也就是 2%。这是相当低的，通常情况下，只要可能性低于 5%，我们就倾向于认为可能需要另一种解释，但这是一个非常粗略的估计。而且，它注定会在某一周发生，所以这样一个简单的统计式论证是缺乏说服力的。

让我们尝试一种更微妙的方法。像玛丽牧师这样的人会发现我的名字并找到我本人，这其实是相当合乎情理的，但真正巧合的是她打电话的时间。为了理解为什么这是一个有意义的巧合，我们考虑一下这样一个事实：当时我已经专业从事音乐两年半了，或者说大约120周。在这么长的时间里，只有在最近的六周左右，我才按照自己要成为这个社区一分子的意愿行动起来。她在那个精确的时间窗口打电话的可能性大约是6/120，也就是5%，这也是决定一个实验结果是否最好用偶然性来描述的一般界限。

我怀疑，当我们看到日常生活中无处不在的有意义的巧合，并计算出它们都变成这样的概率时，这些数字会变得更有说服力。换句话说，如果我一天中每个潜在的共时性的可能性都在5%左右，那么一天中出现一到两个以上的共时性事件似乎是不太可能的。然而，如果像我这样把共时性定义为一种至少有一点意义的巧合，那么这种事件就司空见惯了。

目前还不清楚人们将如何对此进行深入分析。约瑟夫·马祖尔（Joseph Mazur）的著作《巧合》（*Fluke*）采取了一些有趣的步骤来处理这种类型的计算。不过，我认为还没有必要的统计计算来准确描述像这里这样的情况。一些人认为，由于选择性注意，我们不能准确地解释一天中所有的小巧合，这意味着在所有可能的共时性事件中，我们实际上经历的非常少。类似地，如果一天有1440分钟，而某一个共时性事件只占用了5分钟，那么一天中还剩下287个5分钟的时间段没有发生任何有意义的巧合，因此，我们遇不到共时性事件的可能性似乎是遇到共时性事件的287倍。

但我认为这是一种误导。一天中的显著事件的数量要少得多。某一天中只有少数突出的或重要的事件。当我们说"我在上班路上经历了一种共时性事件"时，我们是在说整个通勤过程本质上是一个突出的时刻。所以在这种情况下，我们的显著时间段不是5分钟，而是会更长，例如25分钟。

在考虑共时性时，时间不会在每种情况下都被分割成长短一样的时间段，而是会在不同的情况下呈现出不同的时间段。去听交响乐这件事其实只是几个显著的时刻，尽管整个演出可能长达三个小时。如果你在排队买票或上厕所时遇到一位好朋友，如果演出剧目中有你刚刚学会的一首曲子，或者如果你发现自己坐在这首曲子的作曲者旁边，而你非常喜欢他的作品，这些都属于共时性事件。

一般来说，一天中只有这么多这样的"时刻"会有一些有意义事件发生。可能性之树的分权不是通过时钟的滴答声来衡量的，而是通过相关的相互作用来衡量的，而这种相互作用可能会因为在正常生活环境中存在的许多因素而发生很大的变化。与其从简化论的角度来看待时间，即认为每一秒都有共时性的可能（而大多数时间并不具有共时性），我认为我们不如把时间看作是一系列重要时刻的集合，而这样的时刻一天只有 20 个左右。

下面的比较为我们提供了另一种理解方式。按照简化论的观点，如果我在交响乐团排队等候 20 分钟，碰巧遇到了一个刚被我的公司聘用的人，他将于下周开始上班，我们可以称之为共时性。假设我们的互动只有一分钟。这是否意味着其他 19 分钟没有共时性发生？这是一个非常不合理的观点，它会导致人们得出这样的结论，即我们一天中 95% 的时刻都与共时性无缘，只是偶尔"击中"共时性。一个更合理的观点是，整个 20 分钟的排队等待是一个时刻，在此期间发生了一次共时性。从实验的角度来看，整个时刻都可以被视为"击中"。

因此，如果我们在一天中有好几个有意义的巧合，那么我认为这并不罕见，如果每一个巧合的可能性都在 2% 左右，那么它们组合在一起的可能性就很小了。例如，如果每天有三个有意义的巧合，每一个都有 2% 的可能性，那么它们组合起来的可能性就只有 0.0008% 左右。诚然，这一论点依赖于一些我在这里无法证明的假设，但重要的是，人们应该关注一系列持续的小共时性事件的可能性，而不仅仅是单一的、孤立的、戏剧性的共时性事件的可能性。

对这一问题进行更多的研究将有利于这一领域的发展。

术语表

本术语表中的大多数术语对于理解文本中的大多数思想是不必要的，之所以列出来，只是为那些想要深入了解所讨论的科学概念的读者提供参考。

振幅：一个度量概率的数字，它与可能性之树上每个分权的重量有关。如果我们将概率幅值平方，我们就会得到该树杈所代表的情况发生的可能性。

预期定性体验：文中提出，当我们被激励在世界上行动时，我们总是在"预测"未来的定性体验（见下文的"定性体验"），它与当前的体验要么相同，要么不同。这种想象和感受预期体验的自然能力是有意义的历史选择的驱动因素。

一致性：虽然物体的属性在我们测量之前是未定义的，但它们不能呈现出任意值，而是必须与已有的测量保持一致。

退相干历史量子力学：量子力学的一种解释，主要关注量子事件链。量子力学的悖论是通过坚持单一框架规则来解决的，在这个规则中，我们必须选择一个单一的视角来观察特定情境。

可能性的相关叠加：见下文的"量子关联"。

反事实不确定性：这个实验证实的概念是，一个人无法有意地说出如果做出不同的选择会发生什么。"如果……会发生什么",这是一个毫无意义的问题。

退相干理论:一种主要理论,它描述了为什么物体在微观尺度上的量子行为似乎不适用于宏观尺度。本书不同意这个前提。

量子纠缠:见下文的"量子关联"。

有意义的结合:如果可能性之树上的一个特定分权代表了世界的一种配置,其中特定的定性体验发生了,如果观察者采取行动的动机是类似的预期定性体验,那么在观察者的行动和这个分权之间发生了有意义的结合。

有意义的分权:在"可能性之树"的树权上不均匀地散布着苹果,在一个分权点上,一些分权很可能导致某种特定的结果(有很多苹果),而另一些分权不可能这样(只有很少苹果)。一个有意义的分权只对特定类型的结果(苹果)有意义。对于另一种类型的结果来说,这可能是没有意义的(苹果的分布很均匀)。

有意义的巧合:见下文的"巧合"。

客观具体:一个客观具体的事件既客观(适用于每一个人)又具体(仅具有一组固定属性)。本书认为这种状态并不存在。宇宙是关系性的,对于特定的观察者来说,被测量的世界是确定的,但一个人不能同时采取多个视角。因此,一个人不能声称自己经历了一个客观的结果,而这个结果对于没有进行测量的观察者来说也是真实的。

定性体验:生活的定性方面,例如"吃樱桃的体验"。一些哲学家把定性体验看作生活的基本特征,每个人都可以将其视为构成生命的要素。定性体验不能在两个不同的观察者之间客观地传递或传达。它们从根本上是主观的,但是一致的。

量子关联:当两个量子物体在过去发生过相互作用,但还没有被特定的观察者测量时,对于该观察者来说,它们以可能的属性叠加的形式存在,并且它们可能的属性必须彼此匹配。

量子物体：一种遵循量子力学定律（如叠加和干涉）的物体。这些定律通常被认为只适用于微观粒子，但这里引用的研究认为包括宏观物体在内的所有物体都遵循这些定律。

关系性：客观确定的反义词，指仅仅相对于一个特定的观察者才有确定的性质。如果我测量某物，我得到一个与我相关的确定的结果。如果你来了，你会发现我和这个物体都处于一种（相关联的）可能性叠加中。

关系性量子力学：量子力学的一种解释，它假定测量的结果对观察者来说是个人化的，而不是客观确定的。

巧合：与共时性意义相同，但是通常被认为在本质上是特别有益的。

特殊时刻：可能性之树上的一个分支点，它的子分权会导致显著不同的结果。

叠加：两组或多组相互排斥的情况都仍然可能存在的情况。在进行测量时，只有一种情况是真实的，但在测量物体之前，我们有许多不同的潜在真实情况的叠加。想象一下，如果一个透明投影仪同时显示多个重叠，墙上的图片会是什么样子。

共时性：不太可能的情况变得更有可能，因为它们与观察者的目的或内在体验相一致。结果是不可知的，可以是有益的也可以是有害的。

可能性之树：一种比喻，用来描述可能性的进化就像一棵有多个分权的树。一个人当前的处境通常被认为是在树的底部，而每个决定或与周围环境的互动都会导致这棵树进一步分权。每个分权都有与之相关的振幅或权重，这间接对应于该分权发生的可能性。

未确定状态：在我们测量一个物体之前，它是相对于我们的可能性的叠加，所以物体的实际"真实"属性是未确定的。

波函数：一种描述物体可能属性分布的数学结构。

致　谢

我很感激我的妻子兼"助理"丹娜（Dana），感谢她不离不弃，爱上真正的我，感谢她对这些想法的贡献和反馈，也感谢她这么多年来乐意聆听这些想法（"瞧！这就是共时性！"）。感谢我的女儿艾莉（Ellie）在我完成本书时的耐心，感谢她每天给我带来快乐、灵感、知识和坚持下去的理由。也感谢我的大家庭，尤其是我的父母、继父母和岳父母，以及我的诸多朋友和粉丝。

感谢费金基金会（Faggin Foundation）在过去的一年里慷慨地支持我的研究。感谢埃里森·诺尔斯（Alison Knowles）、路易斯·斯威姆（Louis Swaim）、布伦特·温特（Brent Winter）和贝文·多纳休（Bevin Donahue）以及北大西洋图书公司的团队对这本书和我本人的信任。在完成本书的过程中，他们一直是优秀的合作伙伴。感谢毛里齐奥（Maurizio）和扎亚·贝纳卓（Zaya Benazzo）介绍我认识北大西洋图书公司。感谢朱莉·巴雷尔（Julie Barer）的专业支持和指导，感谢约瑟夫·贾沃斯基为本书作序，感谢埃里森·梅恩斯（Alison Manes）为本书制作图表，感谢苏珊·派克（Susan Pike）的技术支持，感谢所有为本书贡献个人故事的人。我还要特别感谢马特·厄普顿（Matt Upton）、丹尼尔·希恩（Daniel Sheehan）、梅纳斯·卡法托斯（Menas Kafatos）、杰夫·柯蒂斯（Jeff Curtis）、乔治·威斯曼（George Weissman）、布伦达·邓恩（Brenda Dunne）和詹姆斯·鲍德温（James Baldwin），他们一直是我尊崇的导师。

感谢那些编辑我的作品并在不同阶段提供宝贵反馈的人：丽齐·摩尔（Lizzie Moore）、劳拉·维勒基亚（Laura Verrekia）、贾伊·弗利克（Jai Flicker）、茱莉亚·莫斯布里奇（Julia Mossbridge）、伯纳德·贝特曼（Bernard Beitman）、安·贝茨（Ann Betz）、威尔·雷德（Will Reid）、大卫·斯特拉巴拉（David Strabala）、裘德·罗（Jude Rowe）、盖伦·摩尔（Gaylen Moore）、杰里米·伦特（Jeremy Lent）、杰里米·理查森（Jeremy Richardson）、吉吉·阿兹米（Gigi Azmy）、莉安娜·香农（Lianna Shannon）、拉纳·巴拉尔（Rana Barar）、乔恩·齐默曼（Jon Zimmerman）、韦罗尼克·黛拉布鲁纳（Veronique Dellabruna）、萨曼莎·艾斯托克（Samantha Estock）、加布里埃拉·霍夫梅尔（Gabriela Hofmeyer）、马里乌斯和兹索卡·斯库尔泰斯库夫妇（Marius and Zsoka Scurtescu）、贾斯汀·里德尔（Justin Riddle）、辛西娅·苏·拉森（Cynthia Sue Larson）、安·玛丽·戴维斯（Ann Marie Davis）、凯蒂·达切尔（Katie Dutcher）、比尔·马拉迪（Bill Malady）、菲利普·梅里（Philip Merry）和马修·福克斯（Matthew Fox）。感谢全美演讲家协会（National Speakers Association），尤其是温迪·汉森（Wendy Hanson）、珍妮特·施埃菲尔得克尔（Janet Schieferdecker）、罗宾·温特劳布（Robin Weintraub）、艾丽西娅·伯布里克（Alicia Berberich）、迈克尔·李（Michael Lee）、罗德尼·达尼肯（Rodney Dunican）和克里斯蒂·马塔尔（Kristi Matal）。感谢我以前的学生约瑟夫·多德（Joseph Dowd）和托马斯·比斯科夫（Thomas Bischof）。感谢玛丽·默里·谢尔顿（Mary Murray Shelton）、格洛

丽亚·康利（Gloria Conley）、芭芭拉·莱杰（Barbara Leger）、塔拉·斯蒂尔（Tara Steele）、爱德华·维尔荣（Edward Viljoen）、卡利尔·亨特里（Karyl Huntley）等牧师和已故的罗宾·盖尔（Robin Gail）牧师，还有许多其他的社区领袖，他们为我提供了完善我的信息的机会。

最后，感谢我的父辈阿克塞尔（Axe）、里希（Rishi）和史蒂夫（Steve），感谢他们一直支持着我，帮助我成为一个更好的父亲。

a